La Doctrina de la Tolerancia en Helder Cámara.

Una mirada desde Latinoamérica

Dr. Ubertino A. Paz

ISBN-10: 1495956148
ISBN-13: 978-1495956140

DEDICATORIA

A Dios, por bendecir mi camino y permitirme culminar esta etapa con el mayor de los éxitos. A mi esposa Adela y mis hijos Andrea, Alberto y Alejandra por entender el compromiso adquirido al iniciar este proyecto.

Un esfuerzo dedicado especialmente a mis hijos, a dejar la huella en ellos que el conocimiento no termina de alcanzarse, es propio del crecimiento espiritual y siempre debemos estar buscando nuevas verdades.

CONTENIDO

RECONOCIMIENTOS

Este libro nace de la reflexión investigativa dentro del marco de los debates del curso de doctorado en ciencias políticas y del cual asumí como investigación principal que me llevó a la obtención del título de doctor en ciencias políticas en la Universidad Dr. Rafael Belloso Chacín. Este reto de la búsqueda del conocimiento y de las verdades pudo ser alcanzado con el apoyo y el estímulo de profesores de alta valía como los Doctores Pasquale Sofia, Estelio Angulo, José Villalobos, Paulino Montilla y Antonio Tinoco.

Otra persona que aportó en la comprensión y refutación epistémica de la concepción tradicional del hombre y su inserción en los sistemas de gobierno fue indudablemente la profesora Mabel Cuñarro. Igualmente y aunque ya no se encuentra entre nosotros, a mi compañero Eudardo Paz quién con sus pocas pero acertadas palabras demostró su pasión por el tema de los derechos humanos.

Este proyecto nunca hubiese sido posible sin el apoyo muy especial de la señora Maritza quién a través de los talleres de oración y vida de la iglesia católica en Maracaibo, despertó la decisión del estudio de la vida de Monseñor Hélder Cámara, de los padres franciscanos de la ciudad de Barquisimeto que aportaron información que no está documentada sobre la vida tolerante de Monseñor.

Igual atención pero no menos importante merecen mis compañeros de debate del doctorado y algunos actualmente colegas: Clemencia Markarian, William Mirabal, Nérida Perche, Doris Colina, Nestor Rubio, Andrés Cruz, Ana Chumaceiro, Luis López, Alberto Flores, Otto Nava, Manuel Núñez, Alexander El Kadi, Andreina Chiquito, Cesar Montoya y Eudardo Paz. La travesía intelectual que desbordaron los debates que realizáramos sobre los acontecimientos históricos, con el acompañamiento del ilustre profesor Antonio Tinoco hasta el análisis de los momentos actuales sin desconexión con la historicidad fue el estímulo para comprender la historia como parte del presente y base del futuro, sin dejarnos tentar en mantenernos en ella. A todos ellos mil gracias.

En estas páginas quizás encuentren varios argumentos para el análisis de los modelos de gobiernos en Latinoamérica, que aunque no es un estudio comparativo fue necesario para entender el pensamiento de Monseñor Helder Cámara en el contexto que le tocó actuar que lo llevó a dejar un cuerpo doctrinal que alejado de ser un sustento retorico, fue una acción en su praxis histórica. Acciones que se traducen en programas para la convivencia de los pueblos latinoamericanos y construir desde ella nuestra razón liberadora y propia, basada en la tolerancia convergente y en la fraternidad.

Quisiera dedicar este libro especialmente a mis hijos Andrea, Alberto y Alejandra por quienes me motivé a dejarles la esperanza de un futuro democrático lleno de más tolerancia y sobre todo verdadero. Una demostración de que el tiempo es inagotable para la búsqueda de nuevo conocimiento y que la verdad absoluta sólo recae en Dios y no en los hombres. A mi esposa Adela por el tiempo que implicó no estar y que el camino siempre es diferente cuando se transita en dos.

INTRODUCCIÓN

Durante los últimos años los procesos de transformación política y social que han ocurrido en países latinoamericanos, han creado todo un mundo de nuevas oportunidades y esperanzas para algunos, pero de inestabilidad e inseguridad cada vez mayores para otros. Notamos estos cambios políticos desde lo ideológico en países como Bolivia, Nicaragua, Ecuador, Paraguay, Venezuela y el mismo Brasil, que producto de pasar de sistemas de gobiernos centro derecha a modelos de izquierda que han girado alrededor del nombrado socialismo del siglo XXI, han generado no solo diferencias en lo ideológico sino que han producido alta polarización en las acciones tomadas tanto por aquellos que defienden dichos procesos de cambios como por quienes intentan conservar un estado de derecho estable desde sus propias percepciones y que ha llevado a formar una sociedad donde el respeto, la tolerancia y la aceptación del otro no se ha fortalecido, sino por el contrario se ha acrecentado en dimensiones culturales, políticas, económicas y sociales.

La anterior reflexión la observamos no sólo a través de los discursos de líderes de gobiernos que desconocen la legitimidad que tienen dichos actores quienes se oponen a los nuevos esquemas de gobiernos que se intentan desarrollar, sino también por las acciones y decisiones que ambos lados toman y que se traducen en formas conflictivas de coexistencia, sin muestras de la tolerancia necesaria para lograr una convivencia política de los

1

diferentes actores.

Ello nos acerca a una primera idea de entender la tolerancia, como la acción de aceptar las situaciones en las cuales no se tiene una coincidencia en los criterios de cómo se presenta y se resuelve, donde para evitar enfrentamientos, se tendría que asumir tal y como se muestra con las diferencias existentes. Acá surge una interrogante necesaria ¿Es la tolerancia una muestra de debilidad o de poder en el ámbito político? De allí que para no parecer débil creamos espacios de conflictos donde la política de exterminio y aniquilación del adversario mueve nuestras acciones.

Los actores políticos de la sociedad latinoamericana, han mostrado una actitud hacia la tolerancia, donde dicha aceptación de las diferencias tanto en lo político, cultural y social no muestra un nivel que apoye la convivencia política y social, sino comportamientos que acrecienta un antagonismo, que en los casos cuando ocurre la aceptación necesaria de la que se alude, es más bien como consecuencia de la imposibilidad de extender el conflicto, siendo esos momentos de pausas útiles para acumular fuerzas y recuperarse de las hostilidades para enfrentamientos en el futuro.

La política de tolerancia acepta a los diferentes, porque sabe que una política de rechazo o acoso sólo atizaría la hoguera y sacudiría el avispero, viéndose entonces obligados a convivir y coexistir. En el presente siglo XXI recién comenzado, dichas diferencias con posiciones radicalizadas, afecta la calidad de vida de miles de personas, lo que podría socavar el progreso y desarrollo de las sociedades especialmente las latinoamericanas, en los ámbitos social, político, cultural y económico. A propósito de lo antes planteado, se menciona el impacto que generó en el año 2011 los movimientos sociales del sector agrícola argentino cuando la presidenta argentina, Cristina Fernández, tensó con su posición, el clima político en dicho país al atacar a la huelga agropecuaria que desabasteció de alimentos, asociando a los dirigentes rurales con quienes apoyaron el golpe de Estado ocurrido el 24 de marzo de 1976, lo que produjo un mayor distanciamiento entre sectores de gobiernos y empresarios agrícolas.

De esa misma manera destacamos la falta de tolerancia en Bolivia que según el informe de Auditoría de la Democracia 2004 elaborado por la Universidad de Vanderbilt y cuyo resultado situó a éste país en último lugar de 10 países estudiados sobre la tolerancia política y el respeto al sistema democrático.

En el caso venezolano los discursos de agresión y descalificación que tanto sectores de gobierno como de los sectores que se oponen al él, distancian cada vez más las posibilidades de coexistencia, que incluso no ha hecho fácil la labor de algunos actores sociales como lo son las organizaciones no gubernamentales orientadas a contribuir a la búsqueda de una paz social sostenible. Estos sectores han caído en posiciones polarizadas. Tal fue el caso de la organización Civil Súmate, constituido como un actor social en Venezuela en el año 2002 orientada a promover la participación ciudadana en procesos electorales y que contribuyó poco a la tolerancia y a la búsqueda de mecanismos de convivencia, convirtiéndose en representantes de grupos de oposición y dejando a un lado su rol de observador neutral de opinión pública. Todo esto nos lleva a la obligante necesidad de buscar mecanismos que contribuyan a construir una tolerancia para la convivencia política donde el reconocimiento de las diferencias sea forma de vida y no una necesidad obligante.

Con estas señales de constantes conflictos que aunque no son violentos en términos de producir enfrentamientos armados, son fomentadores de una convivencia vivida en tensión, es evidente la necesidad de una transición de una sociedad cerrada a otra más abierta, en el sentido de la existencia de una pluralidad no sólo en lo político sino en lo cultural, económico y social, donde se pueda construir una cultura hacia la tolerancia basada en el respeto a los derechos de los diferentes actores y que promueva la convivencia de los diferentes actores políticos. Para ello, es importante considerar algunos aspectos que están presentes en los comportamientos de intolerancia y que conllevaría a bajos niveles de convivencia, las cuales estarían dadas por falta de:

- Un constante aprendizaje de vida

- Apreciación del valor de los derechos humanos.

- Considerar la "actitud mínima" como forma de tolerancia dentro de la convivencia política donde prevalezca un mayor respeto y reciprocidad.

- Límites de tolerancia en el ámbito de la convivencia política.

- Considerar a la tolerancia como un aspecto que va unida a la libertad como condición de convivencia

Por otro lado, se nota un incremento en la participación de actores colectivos en la vida política y muy especialmente actores privados del tipo de organizaciones no gubernamentales asociaciones y fundaciones que de una forma u otra intentan contribuir a minimizar la polarización que se ha estado construyendo en las sociedades latinoamericanas como Ecuador, Bolivia, Argentina, Nicaragua, Paraguay, Brasil y Venezuela.

Dicha polarización ha influenciado en el mantenimiento de las diferencias no solo ideológicas sino culturales que a pesar de la coincidencia de intereses comunes entre los diferentes actores; bienestar, seguridad, libertad, democracia, no han contribuido a lograr un consenso que permita construir una convivencia mediada, es decir, con algunos acuerdos mínimos, que nos hagan mas tolerantes y aceptar las diferencias y lograr un "buen vivir".

Estos actores colectivos han jugado papel importante para los cambios sociales que han ocurrido en los últimos años, sin embargo nos preguntamos ¿Los esfuerzos que se han hecho, han tenido un impacto positivo en la tolerancia y en el logro de una convivencia mediada? De allí que comprender el comportamiento de éstos en pro de una tolerancia nos pudiera acercar a una metodología que nos conduzca a aportar elementos de posible política pública orientada a la educación en la convivencia.

En la búsqueda de una Tolerancia Mediada

Pero para pensar en una tolerancia mediada habría que comenzar por el hecho de que no vivimos en un país homogéneo y justo, desde el punto de vista territorial, económico, de distribución de la riqueza nacional, sino en un país rico en diferencias. Esto lo observamos en el hecho -aunque no representa la generalidad de comportamientos- que en medio de la intimidación colectiva existente los ciudadanos nos limitamos a la intimidad de sus hogares como sitio de protección y seguridad, procurando

4

desentendernos de cuanto sea posible. A este desentendimiento, que se percibe como una despersonalización de las situaciones y eventos que afectan a otros ciudadanos, y que se pudiera traducir en resignación, se ha llegado a aceptar como tolerancia para encubrir nuestra carencia de actuación en la vida política, social, económica y cultural.

Este comportamiento se puede considerar uno de los mayores enemigos del derecho a aceptar las diferencias, y que pudiera estar causado por falta de vías o mecanismos conscientes entre los diferentes actores políticos y sociales que permitan una convivencia mediada y que contribuya a lograr una paz donde las diferencias sean reconocidas aunque no compartidas.

Desde esta perspectiva surge la interrogante; ¿Podremos establecer algunos principios no normativos pero apoyados por una legitimidad necesaria para construir acuerdos de convivencia sensatos? Esta legitimidad estaría sustentada por la observancia de actuación de personalidades activas en algunos roles en la sociedad con una influencia tal que permita un reconocimiento general de sus actos y postulados. Lo contrario a ello podría conducir a una arbitrariedad y anarquía en las actuaciones de dichos actores, como observamos en algunos países como Bolivia, Ecuador, Venezuela que más que construir las bases para la tolerancia política pudiera generarse un deterioro de la sociedad política y que no sustente la vida democrática.

En países de América del Sur podemos encontrar a varios exponentes de la no violencia que basados en sus conductas tolerantes y de convivencia han podido establecer desde sus pensamientos filosóficos y de vida, ejemplo de tales acciones. Uno de ellos es Hélder Cámara, (Fortaleza 1.909 – Recife 1.999), arzobispo católico brasileño cuya defensa por la justicia social, así como su actitud de condena de las dictaduras latinoamericanas, lo convirtieron en símbolo de la llamada "Iglesia de los pobres" y fue una de las figuras destacadas de la "Teología de la Liberación" en América latina. En esa misma línea encontramos a Gustavo Gutiérrez (Perú), Leonardo Boff (Brasil), Camilo Torres (Colombia) y Manuel Pérez Martínez (España) entre otros. Sin embargo, los que marcan una similitud en el pensamiento teológico hacia la tolerancia son Helder Cámara, Gustavo Gutiérrez y Leonardo Boff, a quienes se les atribuye la construcción de la nueva Teología de la Liberación para América latina.

Hablar de Hélder Cámara nos conduce a reflexionar los supuestos de la Teología de la Liberación, incluso no se puede hablar de ella sin considerar a Hélder Cámara, uno de los protagonistas principales que desde la Conferencia Episcopal de Medellín en 1968 y con los encuentros intereclesiales de las Comunidades Eclesiales de Base, fueron grupos formados para incorporar a personas no sacerdotes en la lucha por la pobreza. Christopher Rowland (2000) en su texto La Teología de la Liberación menciona que éstas: "constituían agentes pastorales que trabajaban para una mayor integración de la comunidad eclesial dentro de los asuntos del barrio y que incorporaron dentro del ámbito eclesial formal mas reflexiones sobre acontecimientos no religiosos que afectaban a la comunidad". (p. 158).

Estos encuentros alimentaron la experiencia de los teólogos acumulando vivencias desde las mismas necesidades de las comunidades y marcaron las bases de la llamada Teología de la Liberación y que fue acogida desde el Concilio II Vaticano. El mismo documento en sus conclusiones finales de la conferencia de Medellín expresa:

> La Iglesia Latinoamericana tiene un mensaje para todos los hombres que, en este continente, tienen hambre y sed de justicia. El mismo Dios que crea al hombre a su imagen y semejanza, crea la tierra y todo lo que en ella se contiene para uso de todos los hombres y de todos los pueblos, de modo que los bienes creados puedan llegar a todos, en forma más justa, y le da poder para que solidariamente transforme y perfeccione el mundo. Es el mismo Dios quien, en la plenitud de los tiempos, envía a su Hijo para que hecho carne, venga a liberar a todos los hombres de todas las esclavitudes a que los tiene sujetos el pecado, la ignorancia, el hambre, la miseria y la opresión, en una palabra, la injusticia y el odio que tienen su origen en el egoísmo humano. (n. 1-3).

Al respecto refiere Gustavo Gutiérrez (1975) en su libro Teología de la Liberación. Perspectiva, que la conferencia de Medellín promovió algunas normas a seguir dirigidas a la transformación de la iglesia ante la presencia de las injusticias y la miseria en el continente:

> los obispos han tomado en Medellín la resolución de hacer que nuestra predicación, catequesis y liturgia, tengan en cuenta la dimensión social y comunitaria del cristianismo.....es pues, a los oprimidos a los que la iglesia debe dirigirse, y no tanto a los opresores; y esto, además, dará un verdadero sentido al testimonio de pobreza de la iglesia; la pobreza real de la iglesia no será verdadera sino atiende a la evangelización de los oprimidos como a la primera de sus obligaciones. (p. 167).

En esa misma línea expone Carlos Mesa (1996) en su artículo "Medellín 1968":

> Medellín recibió del Concilio sus directrices pastorales, aceptó su liturgia, reconoció en él nuevas corrientes eclesiológicas y, finalmente, tomó de él una marcada sensibilidad por el tema de los pobres, es decir de los pobres tomados, en algún sentido, como lugar teológico. (p. 421).

Se desprende entonces que la II Conferencia General del Episcopado Latinoamericano de Medellín dio un sustento no sólo doctrinal, sino que impulsó la energía motivadora en los obispos la necesidad de una reforma de la iglesia a favor de los pobres y contra las injusticas que dio inicio a la gestación de una filosofía de liberación desde la perspectiva teológica. Sin embargo, es importante resaltar tal como lo refiere Carlos Mesa (1996) en su artículo citado anteriormente que el documento establece una hermenéutica clara que "elimina toda posibilidad de legitimar en él una teología de la liberación emparentada con el marxismo". Alude que para la verdadera liberación del hombre, se requiere una profunda conversión. (p. 420).

La originalidad del mensaje cristiano mencionado no consiste directamente en la afirmación de la necesidad de un cambio de estructuras, sino en la insistencia en la conversión del hombre, que conlleva al cambio necesario.

En América Latina la Filosofía de la Liberación es una de esas expresiones históricas que consiguió espacio en el seno de algunos miembros de la iglesia católica, es por lo tanto, continuación histórica de un pensamiento sistemático que es también ideal de convivencia. Por tratarse de algo eminentemente práctico, terminó configurándose como una Ética de liberación. En este sentido menciona Enrique Dussel (1998)

> No pretende la Ética de la Liberación ser una filosofía crítica para minorías, ni para épocas excepcionales de conflicto o revolución. Se trata de una ética cotidiana, desde y en favor de las inmensas mayorías de la humanidad excluidas de la globalización, en la normalidad histórica vigente presente. (p. 15)

Para el autor la praxis se convierte en una cotidianidad de conductas que se traduce en relaciones entre víctima y victimario, de dominado y dominante, de oprimido y opresor. De tal manera que despierta la noción de liberación basada en la realidad concreta de la vida, no como presupuestos teóricos abstractos. Esta materialidad de la vida es la que da el criterio de verdad.

Dentro del rico y atractivo abanico de posibilidades formado por representantes y tendencias de corrientes liberadoras, el ejemplo de vida y el esquema de pensamiento presente en la obra vivida de Hélder Cámara representa la puerta de entrada para pensar el ser humano como una posibilidad de liberación, desde la realidad de Latinoamérica y desde las acciones concretas de utilizar la tolerancia como forma liberadora para realizar cambios políticos y lograr cambios sociales a favor de los excluidos y que conduzca a una aceptación de todos dentro de una sociedad más plural.

La obra de Hélder Cámara representa la preocupación por el hombre latinoamericano en relación con el resto de la humanidad, es consciente de que el hombre latinoamericano encarna características propias que son al mismo tiempo posibilidades de liberación, por llevar en su seno elementos míticos y místicos de comunidad, de respeto por las alteraciones e integración con la naturaleza, en el sentido de ver al hombre como un ser viviente y conectado con un entorno que le provee de los recursos de subsistencia dados por Dios. De allí que el respeto por todos los seres vivos y de la naturaleza según el autor forma parte de la acción liberadora. Estas características fueron sofocadas históricamente por las diferentes colonizaciones sufridas en el continente y continúan siendo atacadas por los sistemas capitalistas comunistas y socialistas consumistas presentes en la actualidad y que representan una realidad de injusticia y de opresión que hace que muchos seres humanos sean auténticas víctimas de los sistemas dominantes.

De allí que nos surge una interrogante que desde el Estado y los diferentes actores políticos se pudiera promover para lograr una convivencia mediada. ¿De que forma se pudieran establecer mecanismos para construir espacios de convivencia política mediada desde las doctrinas y forma de vida de Hélder Cámara?

.

1
ORIGENES DE LA TEOLOGÍA DE LA LIBERACIÓN EN AMERICA LATINA

Este primer análisis nos permite contextualizar en el momento histórico donde se realizará la reflexión. Es importante entonces recorrer inicialmente algunas concepciones epistémicas de la teología de la liberación, sus fundamentos, orígenes, pensadores y contextos observables. En ese orden se hace imperativo describir la situación política, social, económica de América latina para orientar la justificación argumentativa de gestación de la Teología de la Liberación.

Jorge Domínguez (2006), en su ensayo "La brecha en el desarrollo de Estados Unidos y América Latina", publicado en el compendio "La Brecha entre América Latina y Estados Unidos: Determinantes políticos e institucionales del desarrollo económico (2006)", hace una reflexión sobre algunos aspectos previos que categorizan a toda la región de América Latina y que nos muestra en un lenguaje simple las diferentes experiencias coloniales que tuvo la región, tanto América Central como América del Sur. Mientras que la intromisión colonial europea en América del norte dejó una cultura de instituciones que aseguraban el derecho de propiedad y el autogobierno, en América latina no dejó instituciones duraderas. En el país del norte la industrialización sentó sus bases en un desarrollo sostenido; industrias como la automotriz, agrícola, se servicios fueron base para su desarrollo. En América Latina fue todo lo contrario, sólo el sector agrícola se posicionó.

Situación que caracterizó a la región dentro de una inestabilidad política entre gobiernos, dictatorial, autoritaria y democrática con rotación presidencial, pero con una alta dependencia política de Estados Unidos, especialmente en la segunda mitad del siglo XX, convirtiéndose en el nuevo mercado e inversor de capital en Latinoamérica. Por otro lado, el fin de la segunda guerra mundial trajo algunos problemas económicos que se tradujo en la oportunidad para Latinoamérica de implementar industrias destinadas a suplir los productos que antes se importaban. Sin embargo, conllevó a generalizar una inconformidad de la población dentro de las clases sociales medias bajas y obreras, motivando revueltas sociales que en algunos casos terminaron en revoluciones que intentaron cambiar las políticas de gobierno.

Otras de las reflexiones es la expresada por Gustavo Gutiérrez (1975) en su texto "Teología de la Liberación. Perspectivas", al afirmar que el proceso de fermentación revolucionaria inspiradas por grandes revoluciones como la francesa y la rusa hizo despertar en los pueblos latinoamericanos la necesidad de sustraer las decisiones políticas que tomaba una élite en alianza con el gobierno.

Al respecto Fernando García Cambeiro (1973), en su libro América Latina: Dependencia y Liberación. Reflexiones de Enrique Dussel. sostiene que era obvio para el latinoamericano ser colonia, y neo colonia y, al fin, nunca realmente libre. Los hilos de nuestra cultura, economía y política se mueven desde "fuera": siendo oprimidos el "fuera" quien ejerce la voluntad de dominio, el dominador, el nordatlántico. (p.87)

Se desprende de su reflexión que la dominación y la opresión latinoamericana se analiza desde una perspectiva ontológica del ser, significando que éste ser oprimido estaba oculto y por supuesto ontológicamente dependiente que impulsa la necesidad de repensar al hombre indicándole una nueva interpretación ontológica.

La propuesta del autor es construir una praxis liberadora que "aniquile la dialéctica de la dominación en vista de un nuevo tipo de hombre histórico donde la dominación cósica y cosificante sea superada en una fraternidad humanizante" (p. 88). En el mismo proceso liberador la filosofía debe ir encontrando, en la cotidianeidad de ésta praxis histórico-liberadora, la manera de repensar al hombre

Ciertamente Enrique Dussel (1998) en su libro Ética de la liberación. En la Edad de la Globalización y de la Exclusión, expone un método de análisis del hombre en su práctica liberadora:

> Se trata de preguntarnos por el «sujeto» de la praxis de liberación. Cada sujeto ético de la vida cotidiana, cada individuo concreto en todo su actuar, es ya un sujeto posible de la praxis de liberación, en cuanto víctima o solidario con la víctima, fundamente normas, realice acciones, organice instituciones o transforme sistemas de eticidad. La Ética de la Liberación es una ética posible acerca de toda acción de cada día. Sin embargo, lo propio de esta Ética o su referente privilegiado es la víctima o comunidad de víctimas, que operara como el los sujeto s en última instancia. (p. 513)

Según el autor la praxis de liberación inicia en el interior del hombre y luego se pone de manifiesto a través de todas las subjetividades, llegando a construir una relación victima - victimario que lo impulse a eliminar toda forma de dominación que desde lo externo a él lo mantenía oprimido. Acá se desprende la interpretación de dominación norteamericana y europea hacia Latinoamérica.

Es entonces que desde un estadio construido por un grupo minoritario en matrimonio con gobiernos que mantenían cierta dependencia económica con Estados Unidos y que estuvo caracterizada por una baja inversión en capacitación del recurso humano impidió el desarrollo de mecanismos alternativo de movilidad social, mayor prosperidad y eliminación de la pobreza. Esto conllevó a la generalización de los niveles de pobreza en la región y que indudablemente condujo a construir en la población la urgencia de procesos de cambios políticos. Estos índices de pobreza impiden evidentemente la participación en la economía y la sociedad y según el informe del Banco Mundial 2004 (p. 60) la proporción con un ingreso inferior a 2 dólares por día era del 22% en Brasil y del 26% en México por ejemplo.

2
CÓMO ENTENDEMOS LA TEOLOGÍA DE LA LIBERACIÓN

Para iniciar la comprensión de la Teología de la Liberación en América Latina pasaré a mostrar en análisis sencillo los diferentes exponentes de ella, sin terminar exponiendo una filosofía del tema se contrastan las teorías y pensamientos de quienes la han construido.

Debemos iniciar esta mirada mencionando que la teología de la liberación es una reflexión crítica motivada por los mismos argumentos que impulsaron la mirada cristiana hacia la práctica. Al respecto unos de los primeros autores necesario mencionar es Gustavo Gutiérrez (1975), en su libro Teología de la Liberación. Perspectivas, aborda la teología, primeramente como un pensamiento crítico de la fe. Propone realizar de ella un discurso no ingenuo, consciente de sí y en plena posesión de sus instrumentos conceptuales. Menciona que ese carácter crítico de la teología no abarca solo los aspectos epistemológicos, sino también comprende "la actitud lúcida y crítica respecto de los condicionamientos económicos y socioculturales de la vida y de la reflexión de la comunidad cristiana, no considerarlos sería engañarse y engañar a otros". Sostiene que, "la reflexión teológica sería, necesariamente, una crítica a la sociedad y a la Iglesia, en tanto que convocadas e interpeladas por la palabra de Dios" (p.34), "lo primero es el compromiso de caridad, de servicio de la fe (la praxis histórica); la teología viene después, es acto segundo" (p.35).

La reflexión teológica para el autor conlleva un esfuerzo de inteligencia de la fe que surge espontáneamente en todo creyente y en todos aquellos que han acogido la palabra de Dios. Siendo sobre esta base que puede a su juicio levantarse "el edificio de la teología" (p.21), sin embargo, el enfoque del trabajo teológico ha tenido muchos obstáculos a través de la historia de la iglesia, que la han hecho cumplir diversas funciones a lo largo de la historia de la comunidad cristiana, pero para el Gustavo Gutiérrez, esto no significa que estos enfoques estén olvidados, sino mas bien han dejado aportes significativos construyendo el camino por lo que a su juicio debe transitar toda reflexión teológica. De allí que el autor citado sostiene la necesidad de hablar de tareas permanentes aunque hayan surgido en un momento específico de la historia de la iglesia que de etapas superadas de la teología. Menciona estas funciones las cuales son clásicas como: "la teología como sabiduría y como "saber racional" " (p. 22).

La función de la teología como sabiduría data desde los primeros siglos de la iglesia y estuvo ligada a la vida espiritual, a la meditación sobre la Biblia y orientada al progreso espiritual. Una teología que según el autor era "monástica" y por tanto caracterizada por una vida espiritual alejada del quehacer mundano; es decir dedicada a la reflexión en monasterios sin la participación de personas cristianas no pertenecientes a dicho clero. Sigue sosteniendo el autor que hacia el siglo XV se inició la separación entre los teólogos y espirituales y que en la actualidad "aún sufrimos este divorcio, sin bien es cierto que la renovación bíblica y la necesidad de reflexionar sobre la espiritualidad de los laicos, nos está dando esbozos de lo que puede considerarse una nueva teología espiritual" (p.24). Esta función espiritual constituye según el autor una nueva dimensión permanente de la teología.

La segunda función es la que considera a la teología como un saber racional. En este punto el autor citado reflexiona sobre el intento iniciado en el siglo XII de convertir a la teología como "ciencia" proceso culmina con Alberto Magno y Tomás de Aquino; refiere el autor, que según éste último la teología adquiere una visión más amplia y sintética en la que no sólo es considerada ciencia sino también "sabiduría" cuya fuente es la "caridad que une al hombre con Dios". Aunque esta noción de ciencia de la teología pudiera ser considerada en la actualidad imprecisa especialmente por las corrientes positivistas de ciencia, el aporte de Tomás de Aquino es que la teología se ve como una disciplina intelectual que se constituye producto de la fe y de la razón. Y precisamente refiere el autor citado que mucho mejor hablar de la praxis teológica no como una ciencia sino como un saber racional, aludiendo al hecho que "un pensamiento teológico que no presente este carácter racional y desinteresado no sería verdaderamente fiel a la inteligencia de la fe" (p. 25).

Estas funciones adquieren desde esa perspectiva carácter permanente e indispensable para la reflexión teológica y considera que deben ser recuperadas de las escisiones o deformaciones sufridas a lo largo de la historia, conservando más que un logro específico alcanzado en un contexto histórico su perspectiva y el estilo de la reflexión.

Termina Gutiérrez (1975), afirmando la necesidad de ver a la teología en los actuales tiempos como una reflexión crítica sobre la praxis refiriéndose a la teología agustiniana sobre el verdadero análisis de los signos de los tiempos y de las exigencias que esto plantea a la comunidad cristiana. En primer lugar se ha producido una forma de ver la "caridad" como centro de la vida cristiana, que a conducido a ver la fe bíblicamente como un acto de confianza, de salida de uno mismo y de compromiso con Dios y con el prójimo; en fin último como una relación con los demás, convirtiendo a estas acciones en el fundamento de la praxis del cristiano y como lo sostiene el autor "en su presencia activa en la historia", significando que la inteligencia de la fe no aparece como una simple afirmación de verdades , sino no de un compromiso y de una postura de vida.

Un segundo aspecto y de forma paralela ocurre la espiritualidad del cristiano que se aleja de la simple actividad contemplativa que aleja a la persona del mundo como única vía a la santidad que desde el siglo XII se comenzó a ver la posibilidad de compartir la contemplación a través de la predicación, que de una forma convergente revela el mensaje del evangelio al mostrar a Dios, está revelando a los hombres en una relación con Dios y con los hombres. Bajo esta perspectiva termina afirmando el autor trató de hacerse de un sitio la llamada "teología nueva" que convoca a la comunidad de fe que se entregue al servicio de todos los hombres, tal como lo afirmó el Concilio Vaticano II que afirmó la necesidad de una iglesia de servicio y no de poder, que no esté centrada en ella misma, sino en las alegrías, esperanzas y angustias de los hombres.

Culmina el autor sosteniendo que iniciar una reflexión sobre la presencia y la actuación del cristiano en la actualidad significa salir de las fronteras visibles de la iglesia, estar abierto al mundo, tomando de él las situaciones que se plantean y estar atentos a los obstáculos que se presenten (p.27:38).

Una segunda perspectiva la expone Leonardo Boff (1978), en su libro Teología Del Cautiverio y de La Liberación, quién considera que surgió desde una "praxis experimentada o una experiencia practicada" (p.36), que pretende conducir a una praxis mas iluminada y cualificada convirtiéndola realmente en liberadora. La considera como un proceso más amplio y de una toma de conciencia de los pueblos latinoamericanos y es una elaboración metódica iniciada por la constitución pastoral Gaudium et spes, (Pablo VI, 7 de diciembre de 1965), unos de los documentos más importantes en la tradición de la iglesia y el cual señala el deber considerar los signos de los tiempos, al darse cuenta de la pérdida de valores.

Aborda temas como la misión de la iglesia acerca de la persona humana, la familia y su influencia en el mundo, en la familia, economía, política, cultura y solidaridad internacional. Adquirió carácter oficial en la conferencia de Medellín en 1968, hasta llegar a convertirse en utilidad en todo tipo de reflexión latinoamericana, como una especie de ritual: análisis de la realidad, reflexión teológica, pistas de acción pastoral. En su reflexión concluye que "la pobreza generalizada, la marginación y el contexto histórico de dominación han irrumpido con energía en la conciencia y ha producido un verdadero giro histórico" (p, 36).

De allí que el teólogo sostiene que constituye una verdadera revolución metodológica frente a la manera de practicar la teología, lo cual implica no partir de unos supuestos teóricos elaborados abstractamente y sistematizados, que muestran una forma "totalizadora", sino de una "lectura reflexiva científicamente mediatizada de la realidad, dentro de la cual se abre un proceso a la praxis de la fe" (pag.38).

A partir de ésta y después de captar las necesidades, los deseos y las interpelaciones a la conciencia cristiana, se lleva a cabo según el autor citado la reflexión teológica, y ésta, a su vez, no se substantiviza, sino que se abre como praxis de fe. La Teología de la Liberación y del cautiverio como el autor pretende mostrar viene a convertirse en una reflexión crítica de la praxis de la fe cristiana, que se articula metodológicamente mediante tres pasos: análisis de la realidad; reflexión teológica y pistas de acción pastoral. Significa una nueva manera de hacer teología convirtiéndola en una teología liberadora, "una teología de la transformación liberadora de la historia de la humanidad y por ende, también de la porción de ella –reunida en ecclesia- que confiesa abiertamente a Cristo" (p. 40).

De tal modo que para Boff (1978) la Teología de la Liberación nace para dar respuesta a los desafíos de una sociedad oprimida y como contribución, bajo el enfoque de la fe, al proceso más general de liberación de la vida del pueblo. Sostiene que la teología de la liberación y del cautiverio –tal como la denomina-, en América Latina, no debe verse como vemos a la teología del pecado, de la revolución, de la secularización, de la vida religiosa, sino por el contrario, se presenta como una manera de articular desde la praxis en la Iglesia la tarea de la inteligencia de la fe, convirtiéndola en un modo diferente de hacer y pensar la teología, que presupone una manera diferente de ser y de vivir.

Refiriéndose a América Latina afirma que constituye un lugar teológico para la acción y la reflexión, ya que se viven problemas concretos y complejos, que son verdaderos desafíos para la fe. Un continente de "cristiandad colonial", con implicaciones culturales, políticas, económicas y religiosas que han existido desde la época colonial hasta la actualidad. De allí que Boff en su reflexión llega a ser conclusivo afirmando que "la teología de la liberación ha surgido de una praxis experimentada o de una experiencia practicada en este contexto y pretende llevar a una praxis más iluminada y cualificada, que sea realmente liberadora" (p.36).

A diferencia de Gustavo Gutiérrez propone un método pragmático para alcanzar y llevar a cabo la teología de la liberación y que lo nombre como los pasos metodológicos para la teología de la liberación y del cautiverio. Éstos pasos vienen a adquirir un dinamismo de tal forma que en ellos y a través de ellos se van manifestando la realidad y la verdad. Este método elaborado de acuerdo a lo contenido en la Gaudium et Spes y que adquirió carácter oficial en la Conferencia de Medellín, hasta resultar en la acción de reflexión latinoamericana como un ritual: análisis de la realidad-reflexión teológica-pistas de acción pastoral.

Sostiene el autor citado que no se constituye en simples marcos teóricos elaborados abstractamente y sistematizados que tienda a ser totalizadora y generalizable, sino más bien de una "lectura científicamente mediatizada de la realidad, dentro de la cual se abre un proceso a la praxis de la fe" (p. 38).

Como primer paso esboza la necesidad de construir "Un Horizonte de fe Cristiana". Que partir de ésta, y sólo después de captar las necesidades, los deseos y la conciencia cristiana, se puede lleva a cabo la reflexión teológica, abriéndose como praxis de fe liberadora. En esta acción se aperturan los valores fundamentales, como el amor y la solidaridad con los pobres "que atestiguó y elogió Jesucristo, el anhelo de justicia, la idea del reino de Dios" (p.40). Todos esos datos y otros muchos de la fe cristiana, como manera propia de estar en el mundo (praxis), entran en la lectura de la realidad.

Un segundo paso está relacionado menciona Boff en la lectura de la realidad conflictiva, donde el pueblo y hasta la jerarquía de la iglesia perciben la situación mediante un conocimiento intuitivo y confuso, pero marcado por el horizonte de la fe, que basado en la experiencia y de la praxis se intuye de una vez la situación dada: la existencia de la opresión y su necesaria liberación. Llama a este paso un "conocimiento sacramental", ya que enseña a captar simbólicamente los acontecimientos de la historia.

Sobreviene entonces una "reflexión intuitiva de fe sobre la realidad percibida" como tercer paso. En este momento reflexiona el autor que toda persona cristiana ante la presencia intuitiva del problema social, reacciona, de forma intuitiva "su contradicción con el plan divino"; es decir, capta la presencia de alguna situación contraria al plan de Dios, de allí que ante la existencia de la pobreza debe darse un sentir de ofensa al hombre y a Dios al considerarse ésta un pecado. Una reacción entonces inmediata es luchar por la justicia y por los derechos de los oprimidos. Sostiene que aunque en esta etapa la reflexión no se articula todavía en un nivel crítico, sino intuitivo, constituye una teología popular.

Una vez articulada la reflexión intuitiva de la realidad conflictiva se elaboran las acciones que denominó: Pistas de acción transformadora. Que se traducen en un compromiso por la justicia y por la superación de una situación marginal y opresora y que conlleva a acciones concretas hacia "una praxis de amor comprometido" (p. 41).

En la perspectiva de Enrique Dussel (1972) la Teología de la Liberación se constituye como una reflexión reinterpretativa y crítica que surge en un momento final de la modernidad y en una cristiandad en América del Sur que se transforma desde adentro sin traicionarse así mismo, pero también desde un cristianismo crítico desde el punto de vista de un pueblo empobrecido que no se da en los países del norte y de Europa. De esta forma expresa el autor:

La Teología de la Liberación surge como un repensar, como una reformulación de la interpretación cristiana (toda cuestión de la fe y de la política) a fin de posibilitar una nueva visión de los hechos (del cambio social y aún revolucionario) en la que el compromiso con los pobres y el participar en sus luchas significa un construir el "Reino de Dios", tal y como el fundador del cristianismo lo había enseñado. (p.34)

Dicho compromiso refiere el autor proviene de una doble vertiente: por una parte por la relectura hermenéutica de los Evangelios y por la otra por una reinterpretación de la vida y predicación del Jesús histórico, lo que permite a la fe cristiana descubrir un nuevo sentido de los acontecimientos productos de los cambios sociales. En todo caso, la Teología de la Liberación al constituirse como praxis de la fe no viene a sustituir a la práctica de los evangelios, sino a complementarse y a soportarse de ellos.

En esa reinterpretación de los evangelios reflexiona:

Es el mismo Dios quien, en la plenitud de los tiempos, envía a su Hijo, para que hecho carne, venga a liberar a todos los hombres de todas las esclavitudes a las que los tiene sujetos el pecado, la ignorancia, el hambre, la miseria y la opresión". Y dice: "No deja de ver que América latina se encuentra en muchas partes en una situación de injusticia que puede llamarse de violencia institucionalizada. No debe, escandalizarnos que nazca en América latina la tentación de la violencia. No hay que abusar de la paciencia de un pueblo que soporta durante años una condición que difícilmente aceptarían quienes tienen una mayor conciencia de los derechos humanos. (p.108)

Se desprende que para que pueda producirse un proceso de liberación según el autor, es necesario empezar por una ruptura de la dependencia, de forma que, "al último vagón, hay que decirle: El vagón nunca deja de ser vagón; jamás será locomotora" (p. 109). Se exige entonces la construcción de nuevas vías, para comenzar desde el último vagón como lo sostiene el autor comenzar el camino de construir el futuro con las sociedades desarrolladas.

Sin embargo, advierte el autor que la misma praxis se convierte en un enemigo de la liberación al correr el riesgo de ser una liberación enajenada, es decir una liberación dentro del mismo esquema sin cambios significativos. Cita el autor la forma de cómo se dio dicha liberación enajenada en América Latina:

> La opresión del Indio fue posible porque el Indio no fue respetado sino violentado a ser mano de obra del español, el cual, de un analfabeto en al Península, se convirtió en un señor encomendero. Es decir, subió en muy poco tiempo a grados codiciados de honor, y redujo al indio a la más dura servidumbre, tratándole como el estiércol de las plazas. Alienarlo significa volverlo otro, totalizarlo en lo mismo. (p.68)

De allí que la liberación no se cumple en dicha totalidad, sino que debe llegar a ser otro nuevo hombre, "es el proceso por la construcción de un nuevo ámbito, de una patria nueva" (p. 69). Entonces el término de liberación tiene un significado de un nuevo ámbito que no implica repetición de una anterior situación, sino que es realización de una nueva dimensión. Que en el caso de América Latina implica una liberación de centro-periferia, donde la periferia es lo dominado y no quiere decir imitar al centro: "esto es lo que nos enseña, por ejemplo, la televisión que nos muestra la vida del centro, con sus departamentos y nos hace desear ser como ellos" (p.69).

A juicio del investigador Dussel realiza una propuesta que articula en la praxis social de liberación la acción despertar el discurso contra el capital y la propiedad y donde lo religioso adquiera un sentido liberador, crítico, que incluso instaure un orden de justicia en la búsqueda del reino escatológico. Es acá donde no se observa una coincidencia con lo planteado por Leonardo Boff y Gustavo Gutiérrez que ven la acción liberadora en la integración desde la esperanza en la fe y en el amor.

Estas reflexiones de una forma coincidentes con los postulados de Helder Cámara ya que mantienen la noción que la liberación se sustenta en la fe, de tal manera que la pobreza mas allá de una dimensión material, incluye una falta de humildad, espiritualidad y solidaridad; aspectos que contempla el documento del preámbulo de la encíclica Populorum Progressio (Pablo VI, 26 de marzo de 1967):

> El desarrollo de los pueblos y muy especialmente el de aquellos que se esfuerzan por escapar del hambre, de la miseria, de las enfermedades endémicas, de la ignorancia; que buscan una más amplia participación en los frutos de la civilización, una valoración más activa de sus cualidades humanas; que se orientan con decisión hacia el pleno desarrollo, es observado por la Iglesia con atención. Apenas terminado el segundo Concilio Vaticano, una renovada toma de conciencia de las exigencias del mensaje evangélico obliga a la Iglesia a ponerse al servicio de los hombres, para ayudarles a captar todas las dimensiones de este grave problema y convencerles de la urgencia de una acción concreta a favor del desarrollo integral del hombre y del desarrollo solidario de la humanidad. (n. 1).

Este cuerpo interpretativo sobre el significado de la liberación y la necesidad de promover el desarrollo de los pueblos desde la perspectiva teológica, al igual que las conclusivas de la conferencia del episcopado de Medellín marcaron las acciones que emprendió Helder Cámara y que se constituyeron en una forma de vida asumida y en cuerpo doctrinal.

3
INFLUENCIA DE LA TEOLOGÍA DE LA LIBERACIÓN EN HELDER CÁMARA

Bases doctrinales en el contexto histórico

Para entender la doctrina de Hélder Cámara sobre la Teología de la Liberación que él construyó con la influencia no sólo de algunos otros teólogos pensadores sino de sus experiencias y vivencias en la sociedad que le tocó actuar, no debemos desapartarnos del momento y contexto histórico. Su cuerpo doctrinal lo constituyen algunos ejes que sin transformarse en principios guían la forma de convivencia que está orientada a ser.

La doctrina de Cámara se correspondía con un programa de reformismo social, pluralismo democrático basado en una redistribución social de la riqueza. Pero era una posición radicalmente provocadora dentro de la coyuntura de la represión y el Estado de tortura vigente en Latinoamérica en el contexto temporal de 1960. Su posición se identificaba con la Doctrina Social de la Iglesia mostrando una fidelidad al Papa que no pretendió esconder.

De la resulta del análisis de entrevistas grabadas a los miembros de la Fraternidad laical Dominicana, San Vicente Ferrer, José Luis Reveiro expresó en su disertación que las acciones de Helder Cámara se orientaron a denunciar, por un lado el empleo de la coartada del comunismo como excusa para la represión política y el por el otro el inmovilismo de la sociedad que sólo favorecía a la oligarquía existente. Estas acciones se percibieron como acciones desestabilizadoras para el régimen de entonces, mas sin embargo, pero no dejó de atender a su doctrina orientando sus esfuerzos a las condiciones reales que sufrían las mayorías de la gente de su país (Brasil). Un aspecto que resalta en el análisis de los documentos que reflejan su doctrina y práctica de vida es que unos de los altos funcionarios del nuevo régimen se contaba entre los feligreses que acudía a su misa dominical y en quien influía para que tomara las vías de la moderación y la recuperación de la democracia. Estas acciones son las que le dieron a Cámara un sitio especial dentro del movimiento católico en defensa de los pobres y de las luchas sociales y lo diferencian de otros teólogos que aunque relevantes se distinguen por no llevar la doctrina a la praxis necesaria y conducente a cambios. (Carlos Jorge, 1987. Moderador en entrevista a José Luis Reveiro miembro de la Fraternidad laical Dominicana, San Vicente Ferrer).

La Condición de Vida infrahumana

Cámara realiza unas reflexiones sobre la vida en condiciones infrahumanas observadas desde las favelas brasileñas, que se constituyen como asentamientos urbanos de las zonas pobres de Brasil y que contribuyó a la acentuación de la división de clases. Aunque se originaron en Rio de Janeiro, se le atribuye esta categoría a las zonas marginales, que cargadas de cierto peso de ansiedad no deja de reflejar la realidad que el encontró al llegar a Olinda y Recife y antes en Rio de Janeiro que indudablemente impactaron en la formación de los ejes doctrinales de la Teología de la Liberación que proclamó y lo condujo a esforzarse por alcanzar realidades, que sobre la vida en miseria se preguntaba:

"¿Qué quiere decir exactamente situación infrahumana?; ¿No es acaso una expresión demasiado fuerte, cargada de demagogia? De ninguna manera. Con frecuencia existe una herencia de miseria. Porque ¿quién no sabe que la miseria mata como las guerras más sangrientas? Hace más que matar: produce trastornos físicos (basta pensar en Biafra), trastornos mentales... y trastornos morales. (Hélder Camara, 1971, Espiral de violencia: p.13-14)

Para cámara el entendimiento de la condición de vida infrahumana es complejo y vacío si se aleja de las realidades, en el sentido que toda persona que no pudiera tener las cosas mínimas necesarias, casa, vestidos, alimentos, educación, indudablemente es humana, pero se encuentra a un nivel de vida infrahumana. De allí que lo infrahumano dista del significado mismo de la palabra y lleva su interpretación a las condiciones de miseria que podamos tener en la carencia de lo necesario para una vida mínima y digna. Esta condición lleva al ser humano a vivir en niveles de "herencia de la miseria", dejando marcas en el ser humano: marcas de servilismo y de fatalismo, "es lastimoso ver cómo caminan a veces los pobres habitantes del medio rural: marcha de esclavos, mirada de esclavos, palabra de esclavos..." (Hélder Cámara, 1971, Espiral de violencia: p.51-53).

De allí que Cámara establece la necesidad de formar un nuevo hombre, reflexión que hace desde la definición del desarrollo integral del hombre establecida en la encíclica Populorum Progressio (1967), que ofrece un programa para:

Verse libres de la miseria, hallar con más seguridad la propia subsistencia, la salud, una ocupación estable; participar todavía más en las responsabilidades, fuera de toda opresión y al abrigo de situaciones que ofenden su dignidad de hombres; ser más instruidos; en una palabra, hacer, conocer y tener más para ser más (n.6).

Concluye que el hombre no ha nacido para ser esclavo, ni padecer injusticias, humillaciones, represiones, lo contrario es estar en condiciones infrahumanas que lo acerca a un animal alejándolo de lo humano.

Resume la necesidad de una acción liberadora, que dista de los usos alejados de la concepción teológica de la liberación y que lo ha llevado a ser calificado incluso como "comunista" mas sin embargo, está muy lejos de serlo. Estas acciones las sintetiza con las siguientes categorías: La violencia número uno, el colonialismo interno, la no-violencia, abrirse a problemas mayores y a pequeñas personas y el no vivir en el vacío.

La Violencia número uno

Cámara (1971), en sus reflexiones sobre la espiral de la violencia inicia tratando de responder a una interrogante: "¿Qué tan fácil es encontrar las injusticias en todas partes, las injusticias de distinta naturaleza y grado variable, pero injusticias en todo caso?" (p.25). En los países subdesarrollados estas injusticias; que son tal vez desconocidas en otros países, afectan a millones de seres humanos, reduciéndolos a una condición sub-humana. Categorizaba la injusticia la como una manera de construir violencia definiéndola como la "número uno":

En todas partes las injusticias son una violencia. Y se puede decir, debemos decir, que la injusticia es la primera de todas las violencias, la violencia número uno"; "La violencia número uno, la violencia madre de todas las violencias, son las injusticias existentes en todas partes, en los países subdesarrollados y en los desarrollados, como también en las relaciones entre el mundo desarrollado y el mundo subdesarrollado. Hélder Cámara, (1971, Espiral de la violencia: p.30).

En esta fase de la reflexión es necesario preguntarse, ¿Qué es lo que quiere decir con una condición infrahumana?, ¿No es quizá un término demasiado fuerte, con demasiada tinte de demagogia? Para Cámara (1971) existe muy a menudo lo que podría llamarse una herencia de la pobreza, que "mata con tanta seguridad como la guerra más sangrienta" (p.25-26). La pobreza significaba para el autor más que matar, conduce a una deformidad física, psicológica y moral que vemos en los que, a través de una situación de "esclavitud", oculta pero real, y que sin embargo, viven sin perspectivas y sin esperanza, náufragos del fatalismo y reducido a una mentalidad de la mendicidad. Sin embargo asiste en el cuidado que se debe tener con esto ya que las injusticias no son exclusivas de los países subdesarrollados, existen igualmente en los países desarrollados, tanto en sistemas capitalistas como en el socialista. En el mundo capitalista, incluso en los países más ricos, hay estratos subdesarrollados que, por ejemplo, en Canadá, son los llamado grey belts (los cinturones de los grises).

De allí que las injusticias adquieren una dimensión completamente diferente cuando nos fijamos en las relaciones entre los países desarrollados y los países subdesarrollados. Observamos algunos casos donde en varias veces los países subdesarrollados han tratado de mantener un diálogo con los países desarrollados, sin frutos significativos, estableciéndose el egoísmo y la indiferencia de los dos mundos, los países capitalistas con los EE.UU. a la cabeza, y el mundo socialista inicialmente con la URSS (considérese el contexto histórico del análisis:1964-1999).

Una conclusión a la reflexión y a la que debe llamar la atención por sus efectos, está relacionada con las injusticias en los países subdesarrollados, en las relaciones entre el mundo desarrollado y el mundo subdesarrollado.

El Colonialismo interno

Para Cámara el colonialismo interno se refiere a la actitud mantenida dentro de los países subdesarrollados por personas que se enriquecen desesperadamente y sin control a costa de otras personas y que mantiene de una forma u otra en condiciones infrahumanas. (José Wille, 1987, en entrevista a Helder Cámara. Televisora de Curitiba, Paraná, Brasil).

En el marco del sexto congreso de "Pax Romana", Cámara, enfatizó que el proceso de descolonización que aparentemente había pasado sencillamente cambió de color y raza, ya que se produjo un proceso en América latina de lo que llamo colonialismo interno: "el peor de los colonialismos". Se trata de un grupo de privilegiados en Latinoamérica cuya riqueza se mantiene a expensas de millones de ciudadanos, generalmente dueños de tierras productivas, que en su mayoría se mantienen inexploradas. Permitiendo que trabajen y vivan allí familias pobres, pero sin algún derecho. Situación indiscutiblemente infrahumana, donde el propietario no sólo es señor de la vida y de la muerte, sino que tiene la costumbre de controlar la política, la policía y la precaria justicia humana.

Este tipo de colonialismo se caracteriza por mantener control de todos los poderes, manifestando en su intervención en el sexto congreso mundial de Pax Romana: "Os aseguro, tienen incluso poder para eliminar a las personas a través de los organismos colectivos y judiciales", llegando el alcance hasta los poderes judiciales en quienes tenían injerencia e influencia en la selección de los jueces. Este proceso crea una situación de miseria tal que adquiere una gravedad peor que una bomba atómica, la llamada "bomba M", de la miseria, que va arropando a toda América latina. Al respecto citaba a la encíclica Mater et Magistra (Juan XXXII, 15 de mayo de 1961) "Nuestra alma sufre profunda amargura ante el espectáculo infinitamente triste de una multitud de trabajadores, en numerosos países y continentes enteros, que reciben salarios que les obliga a ellos y a sus familias a vivir en condiciones infrahumana" (n.68).

En su disertación manifestó que a los pueblos latinoamericanos lo que les falta no es sólo prosperidad, sino un mínimo indispensable para la supervivencia, que si no se aplican los correctivos convenientes y a tiempo, más que disminuir se verá incrementado en las próximas décadas.

Documento que conforma un cuerpo doctrinal que constituye la base para la relación iglesia, hombre y sociedad. Establece que el tema social adquiere una dimensión mundial y así como se puede hablar de personas pobres, también debe hablarse de naciones pobres. Da importancia a la dignidad de la persona humana, en el trabajo y en una remuneración justa. Igualmente la economía la considera una obra de los particulares, pero se necesita la intervención subsidiaria de los poderes públicos. Apunta la importancia de la necesaria sociabilidad humana en sus diversas manifestaciones.

La No-Violencia

Cámara consideraba la No violencia como una fuerza de la verdad, de la justicia y del amor, más que en la fuerza de la mentira, de la injusticia y del odio. Consideraba necesario llegar a presiones legítimas y democráticas. Sostenía: "Tres razones nos llevan a intentar una acción no violenta, comprendida como presión legítima y democrática:

Una acción pacífica, que sea dinámica, eficaz, valiente, con la esperanza de eliminar de la violencia a las personas, sobre a todo a jóvenes, cuya paciencia tiene un límite;

Hay que ayudar a la debilidad humana: ahora bien, sin presiones legítimas y democráticas, ni los grandes poseedores ni los gobiernos se moverán;

Si no estamos a favor de la violencia, hay que proceder a la acción no violenta para no quedar en la vaguedad, en la imprecisión, en el vacío." (José Wille, 1987, en entrevista a Helder Cámara. Televisora de Curitiba, Paraná, Brasil).

Para Cámara en la entrevista citada dejaba claro el significado de no violencia que él promovía. Se consideraba un peregrino de la paz citando a Pablo VI "personalmente prefiero ser mil veces muerto a matar". Esa posición personal la basaba en el evangelio sosteniendo que si el evangelio podía y debía llamarse revolucionario es en sentido de que exige una conversión de cada hombre, sin cerrarse en el egoísmo y la argumentaba en los escrito bíblicos de la "bienaventuranzas" para sostener que el camino a seguir por los cristianos era el camino de la no-violencia, pero aclaraba que en ningún modo significaba pasividad ni debilidad. Más bien significaba creer más en la fuerza de la verdad, de la justicia y del amor, que en la fuerza de la mentira, de la injusticia y del odio.

Abrirnos a los problemas mayores y a las pequeñas personas

El vínculo central de su doctrina se basaba en un dicho globalizante de sus ideas: "Si verdaderamente llegamos a abrirnos a los grandes problemas humanos, estaremos en el interior de la Iglesia, más próximos a entendernos y caminar juntos" Cámara (1974:p.98). Sostenía que era necesario que los ciudadanos hablen más claro y más fuerte a los ricos a los poderosos y a los hombres de gobierno. Esto significaba la misión dada al hombre indefenso de romper caparazones, humanizar, encender amor, y todo esto, con ejemplo personal y actuando con inteligencia, con humildad y sin sombra de arrogancia, como transbordamiento de la esperanza de quien que no trabaja solo, sino que sirve de instrumento a Jesucristo, es allí que sostenía: "¡Qué sería del mundo si los cristianos, además de actuar de esta manera, individualmente, nos uniésemos para una acción colectiva de reencender la esperanza en la tierra de los hombres!" (José Wille, 1987, en entrevista a Helder Cámara. Televisora de Curitiba, Paraná, Brasil).

El no vivir en el vacío

Me parece maravilloso: Cristo ha venido para todos los hombres de todos los tiempos. Pero le pareció que la mejor manera de estar presente en todas partes consistía en elegir un pequeño rincón del mundo, una determinada cultura, un determinado idioma. Es una gran lección para todos nosotros... No hemos sido creados para vivir en el vacío, ¡de ninguna manera! Hemos sido creados para encarnarnos en algún rincón del mundo, allí donde la vida nos ha puesto o donde nos ha llevado la voluntad de Dios. (José Wille, 1987, en entrevista a Helder Cámara. Televisora de Curitiba, Paraná, Brasil).

Para Helder Camara la libertad económica es indispensable como complemento de la libertad política, las necesidades humanas no terminan, porque este tipo de libertad no implica la liberación total del hombre.

Cámara participó el sexto congreso de "Pax Romana", organización conformada por profesionales católicos constituida en Friburgo, Siuza en julio de 1921, y que fue promovida desde España, Holanda y Suiza, destinada a promover los vínculos entre estudiantes católicos de todos los países del mundo. En disertación Cámara, preguntaba a la audiencia "¿Cómo preparar criaturas humanas aptas para afrontar los problemas de la mentalidad utilitaria que desprecia el sentido de las cosas y sólo valora la productividad?", centrando la respuesta en la concurrencia de un mercado común entre el imperialismo capitalista y el imperialismo socialista que con alianzas construyen un ideal de iniciativa privada con una falso tendencia a lo social.

El no vivir en el vacio Cámara lo significaba muy claro, en el sentido de bridar a todos los seres humanos el derecho de propiedad, de obtener los bienes necesario para la supervivencia, a la educación igualitaria pero sin ventajismos de una educación privada y de mejor calidad, acá todos los hombres deben ser iguales en sus derechos y sin aprovecharse del derecho de los demás. Cuando esto se entienda de verdad; sostenía, se estará en una sociedad llena de hombres de buena voluntad.

Análisis de reflexión del capitulo

La teología entendida como una reflexión crítica de la praxis a la luz de la palabra del evangelio, no sólo viene a reemplazar las funciones clásicas de la teología como sabiduría y como saber racional, sino que las asume, convirtiéndolas en una sola ya que la sabiduría conduce a una racionalidad y ésta a una sabiduría basada en la fe, teniendo como contexto la praxis histórica, donde es necesario la construcción del conocimiento del progreso espiritual a partir de las escrituras. Y es acá donde la relación fe-ciencia se sitúa en el contexto de la relación fe-sociedad que conlleva a una acción liberadora. Y de acá una teología que busque ser parte del proceso de transformación del mundo abriéndose al reino de Dios a través de la lucha a favor de la dignidad del hombre y de una sociedad más justa y fraternal.

La doctrina de Helder Cámara tenía como finalidad poner al hombre por encima del capital, por encima del trabajo, por encima de todas las realidades temporales, a hacer una opción preferencial por el pobre, por el desposeído, a mantener la dignidad en el trabajo evitando una infra remuneración, evitando la falta de solidaridad, de respeto, de explotación, evitar la desigualdad social que en los tiempos donde se sitúa el presente estudio alcanzo niveles escandalosos, a hacer sostenible y sustentable el desarrollo, a evitar la violencia familiar, social, a construir un futuro con sentido de colaboración y fraternidad. De allí la frase célebre con la cual se le conoce su actuar: cuando él regalaba comida a los pobres, decían que era un santo pero cuando preguntaba porque la gente era pobre lo tildaban de comunista. El procurar todo ese bien a Cámara lo tildaron como el obispo rojo, de comunista, como un delincuente subversivo.

De allí que la Teología de la Liberación en América latina emerge en procura del oprimido y en la búsqueda de respuestas desde la praxis de forma de construir una forma diferente de pensar la teología y de manera de vivir. La doctrina de Cámara en ese sentido se sustentaba en vencer las condiciones de vida infrahumanas de subsistencia, de acceder a las cosas mínimas de alimentación, vivienda, educación, seguridad que conduzca al hombre a una acción liberadora y evitar las acciones violentas y de injusticias.

Estas acciones de injusticias las categorizó como Violencia número uno para calificar la manera de construir la violencia. Las injusticias generan violencia, en el sentido que separa a las personas en privilegiados y no, en los que tienen derechos y los que deben aceptar y resignarse. Estas injusticias se producen por la conformación de élites que gobiernan para una minoría y no para todos, situación que Cámara denominó como colonialismo interno, en el cual un grupo de personas se enriquecen a costa de otras personas y en alianzas con gobiernos locales y extranjeros que no garantizan una distribución de las riquezas de manera equilibrada.

Estas acciones conllevan a una violencia generalizada. Sin embargo postulaba a una acción no violenta pero activa, en el sentido de organizar una presión liberadora legítima y democrática. Una acción pacífica pero llena de esperanza para erradicar la violencia en las personas, sin llegar a una pasividad que haga al hombre un tolerante resignado. Significación que traducía en generar una fuerza de justicia, de amor sostenida por la verdad.

4
ALGUNAS CONCEPTUALIZACIONES SOBRE LA TOLERANCIA

Una primera concepción de la tolerancia podemos ubicarla como aquella acción orientada a "soportar lo que no es como nosotros", que para evitar enfrentamientos, tendríamos que "soportarlo y aguantarlo" como lo que es. Desde esta visión observamos el intento de convivencia de los diferentes actores políticos y sociales en la sociedad venezolana, donde incluso se han generado algunos conflictos entre miembros de grupos de familia, clubes, sindicatos, y hasta organizaciones partidistas. De ella se desprende al menos una interrogante necesaria ¿Es la tolerancia una muestra de debilidad o de poder en el ámbito político? De allí que para no parecer débil creamos entonces espacios de conflictos donde la política de exterminio y aniquilación del adversario mueve nuestras conductas.

Esta idea inicial nos acerca al concepto de "pluralismo" que implica la necesaria existencia de las diferencias; en lo ideológico, económico, social, cultural y político y que para evitar las situaciones de conflictos entra en juego el reconocimiento del otro con dichas diferencias, sin embargo, ambos conceptos se pareciera que se separan en sus realidades.

Acá es necesario iniciar la reflexión aceptando; a los efectos de acercarnos al objetivo del presente capítulo, que "pluralismo" y "tolerancia" no necesariamente son unívocos, la primera supone la diversidad y la segunda la divergencia, aunque la divergencia implica la diversidad pero con alguna tensión contraria y de oposición.

En un análisis de la conceptualización establecida en el Diccionario de la Real Academia Española (versión web), la diversidad significa variedad, desemejanza y diferencia de ideologías, presupuestos de saberes y de actuación, que si bien es cierto la coexistencia de esta coadyuva a la convivencia. Se observa la presencia de diferentes formas de ver las realidades en las sociedades actuales, de múltiples ideologías conviviendo en un mismo contexto, que no necesariamente aunque contrarias conduzcan a enfrentamientos conflictivos. Por su parte la divergencia engloba la necesaria tensión que se origina desde los criterios opuestos que alejan las posturas de los actores y los apartan hasta antagonizar que puede llevar a la ocurrencia de conflictos incluso violentos al no aceptar ni adaptarse al sentir o parecer del otro.

Desde otra perspectiva sostiene Chantal Mouffe (1999) en su libro "El retorno a lo político", que la existencia del pluralismo implica la permanencia de algún tipo de conflicto y de cierto antagonismo que no deben ser considerados obstáculos que imposibiliten lograr una armonía ideal. Armonía que según la autora, no es fácil alcanzar ya que es difícil coincidir totalmente con nuestro ser racional.

Se hace necesario entonces según la autora construir un modelo alternativo que no busque la armonía y la reconciliación y que reconozca el papel constitutivo de la división y del conflicto. Esa concepción alternativa la llama la autora "democracia plural", que lejos de buscar la transparencia y el consenso rechaza cualquier discurso que intente imponer un modelo de discusión unívoco de la democracia. Concluye que "La experiencia del pluralismo solo se vive en el espacio de dicha tensión" (p.21). De allí que también pareciera cierto que la divergencia se convierte en determinante en un ambiente inclinado a la diversidad, pudiendo afirmar entonces, que la idea de la tolerancia sugiere aceptar algo que a pesar que parece contrario o causante de daño, conviene asumir, aunque para algunos autores es una visión muy antigua, ya superada.

En la misma línea reflexiva coincide Sartori (2009), en su ensayo la democracia en 30 lecciones, que en su análisis, sostiene que el pluralismo se entendió desde el momento que se comprendió "…que la disensión, la diversidad de opiniones, los contrastes, no son necesariamente un mal" (p.63). Menciona que entre un nivel de consenso forzado y un enfrentamiento armado por el otro, existe un área amplia donde la diversidad y la libertad de ideas y de conductas coexisten sin poner en riesgo el orden político-social, y que igualmente se enriquecen y dinamizan mutuamente. Y es acá lo que pone en punto de encuentro lo planteado por Chantal Mouffe (1999) y Sartori y que se constituye como base para el análisis de la tolerancia como una praxis experimentada para lograr un pluralismo que tiene lugar en los espacios donde la tensión se hace parte de la convivencia.

Desde una perspectiva diferente Jhon Rawls (1979) en su libro Teoría de la Justicia, reflexiona sobre la tolerancia respecto a la pluralidad de situaciones conflictivas expresando la concepción necesaria de una sociedad dentro de un sistema equitativo de cooperación entre personas libres e iguales. En este sentido y en el desarrollo de sus planteamientos expresa que la cuestión fundamental de la justicia política es encontrar los principios más adecuados para realizar la libertad y la igualdad en esa sociedad con un sistema de cooperación entre personas libres e iguales. La propuesta de Jhon Rawls (1979) fue considerar esos principios como resultado de un acuerdo entre las personas implicadas a la luz de su mutua conveniencia y bajo una elección racional que está sometida a una serie de limitaciones que bajo la posición original propuesta por él se especifican las condiciones de libertad e igualdad necesarias para alcanzar un acuerdo de convivencia amparada por medios de tolerancias. Esa posición original llamada por Jhon Rawls (1979) el "velo de la ignorancia" sirve para eliminar las ventajas de algunas de las partes que pudieran afectar el proceso de decisión y distorsionar el resultado de los acuerdos para la convivencia tolerante.

Jhon Rawls (1979) concluye, que se debería establecer un acuerdo en una concepción política de justicia donde

todos los bienes sociales primarios – libertad y oportunidades, ingreso y riqueza, así como la base del autorespeto- tiene que estar distribuidas por igual, a menos que una distribución desigual de cualquiera de esos bienes redunde en beneficio de los menos favorecidos. pág. 302.

Precisamente allí radica la concepción a los principios que especifica la justicia como equidad y que para el autor se expresaba en: Primeramente que cada persona debe tener los mismos derechos a la libertad básica y compatible con libertades similares para otras personas. Y en segundo lugar que los bienes deben ser distribuidos por igual; sólo se aceptaría una distribución desigual si significa un mayor beneficio para aquellos más desfavorecidos ó este ligada a cargos y posiciones abiertos a todas las personas en igual de oportunidades.

Al respecto y confrontando las reflexiones que Mouffe (2005) sobre los planteamientos de Rawls (1979), se observa una diferencia sustantiva ya que para la autora la priorización de los derechos sólo puede darse en una sociedad política específica y definida por una idea del bien común; a menos que como lo señala Chantal Mouffe se entendería como un bien común político la igualdad y libertad.

Por otro lado, Sartori (2009) logra establecer algunos puntos característicos del pluralismo y que nos permite identificar su existencia en las sociedades: Una primera característica es que debe concebirse como una creencia de valor, que permita agregar satisfacción a todos los actores en un proceso de convivencia política en las sociedades actuales. Una segunda característica es que el pluralismo presupone e incluso implica la presencia de la"tolerancia" y por lo tanto se consolida a través de la negación del dogmatismo, el fideísmo y el fanatismo. El tercer punto a que hace referencia Sartori es la necesidad que la Iglesia esté separada del Estado y que la sociedad civil lo esté de ambos, sin esto el pluralismo se ve amenazado tanto por un Estado que se convierte en brazo secular de la Iglesia, como por el Estado que politice a la sociedad. Características que conducen al liberalismo y posteriormente a la democracia liberal y que para Chantal Mouffe conduce a al democracia plural.

Los autores antes citados coinciden en que la tolerancia se basa en ciertos acuerdos que permitan la aceptación de las diferencias y que orienten a construir la pluralidad necesaria para lograr la convivencia. Sin embargo, al reflexionar sobre cómo llegamos a construir esa tolerancia necesaria nos introduce en el estudio de la tipología como significado, distinguiendo tres grandes grupos: magnánima, ponderada y amparadora.

5

HACIA UNA CATEGORIZACIÓN DE LA TOLERANCIA

Sergio De Quadros (2009), distingue tres tipos de tolerancia: la tolerancia magnánima que tiende a ser altiva, apoyándose en un ideal de generosidad y benevolencia; la tolerancia ponderada busca soporte en un argumento de igualdad, y se fundamenta en un razonamiento prudencial; y el razonamiento de la tolerancia amparadora pretende que la tolerancia sea un instrumento de transformación de la realidad. Sin embargo estos modelos parecieran ser débiles en cuanto que al equilibrio de la relación de tolerancia, porque en los dos primeros se nota un desequilibrio que favorece al tolerante y, en el tercero, un desequilibrio en favor del tolerado ("protagonismo").

Uno de los que le da una amplitud a la interpretación de la tolerancia es Michael Walzer (1996), quién distingue 5 niveles de presencia. Señala que la tolerancia es una actitud o un estado de espíritu. Un primer nivel es la práctica de la tolerancia religiosa que se destacó en los siglos XVI y XVII, y consiste en una aceptación resignada de las diferencias con la finalidad de mantener la paz, quién sostenía: "Durante años y años los pueblos se mataron unos a otros y, por suerte, finalmente se inició un cierto agotamiento: a esto llamamos tolerancia".

Un segundo nivel estaría enfocado a una actitud pasiva, relajada, indiferente a la diferencia que toma todos los tipos y variantes, que se identifica como una tolerancia de la indiferencia. Una tercera, apunta el autor, consiste en el resultado de un cierto tipo de estoicismo moral: un reconocimiento del principio que los "otros" tienen derechos, y que pueden llevar a cabo dichos derechos a la vez que puedan resultar poco atractivas. Un cuarto nivel, es aquella que demuestra una actitud de apertura hacia los otros, una voluntad de escuchar y aprender. Y un quinto nivel es la aceptación voluntaria y consciente de la diferencia, de la aprobación de la diversidad como parte de la creación divina, y de considerar que dicha diferencia es condición necesaria para un pleno desarrollo humano.

Por otro lado, para Saltori (2009) el pluralismo es también entender el significado de tolerancia, consenso, disenso y conflicto. Para el autor Tolerancia no es indiferencia, no presupone indiferencia. Si somos indiferentes no tenemos interés: y aquí se acaba todo, menciona el autor. Tampoco es verdad, como se sostiene con frecuencia, que la tolerancia presuponga cierto relativismo, que si somos relativistas estamos abiertos a una multiplicidad de puntos de vista. Pero es tolerancia precisamente porque no implica una visión relativista; quien tolera tiene creencias y principios, los considera verdaderos, pero al mismo tiempo permite que otros tengan el derecho de tener creencias divergentes.

Todos los postulados sobre la tolerancia acá analizados nos conducen nos conduce indefectiblemente a la tesis del perdón, y es precisamente ésta tesis desde la cual se produce una acción tolerante. Para Cámara (1971), no sólo basta con realizar acciones no violentas, sino que la propia acción liberadora del hombre se produce desde el perdón la cual se constituye en el umbral para lograr la "Justicia y la Paz" de los pueblos.

De allí que al reflexionar sobre la tesis del perdón como un proceso de reconciliación que desde la ciencia política Evelyn Garrido Rodríguez (2008) la considera como un proceso micropolítico de aprendizaje en la resolución de conflictos para la convivencia luego de períodos de violencia. Este proceso se desarrolla según la autora alrededor de tres niveles cognitivos: la reinterpretación del pasado violento, la humanización del otro y de sí mismo y el reconocimiento del otro como un cooperante potencial. Estos estadios no ocurren únicamente en el ámbito individual (víctimas, victimarios y observadores), sino también en los modelos mentales compartidos de un determinado grupo social, y su existencia se debe a un conjunto de maximizadores o minimizadores de probabilidad de ocurrencia, los cuales están dados por decisiones políticas o procesos de diseño institucional. Desde lo anterior se puede construir un marco analítico del perdón en el cual se conjuguen tres dimensiones: individuos, modelos mentales compartidos e instituciones formales, en sincronía con los procesos cognitivos antes presentados.

Este proceso analítico puede ser utilizado como una herramienta para el estudio del perdón en procesos específicos de reconciliación, que pudieran contribuir a la resolución de múltiples problemas relacionados con los niveles de conflictividad del pasado y con ello la consolidación de nuevas reglas de juego, a través de las cuales se puedan establecer garantías para la convivencia. Estos problemas se refieren a la necesidad de la aplicación de la justicia, la inclusión de actores no armados, el desarme de organizaciones violentas, programas de asistencia a víctimas, a la reconstrucción sobre lo ocurrido y en fin, la reconstrucción de las relaciones sociales y políticas destruidas por dicho conflicto. Puede plantearse entonces que esta reconciliación pudiera apuntar a la creación de nuevas reglas de juego a través de las cuales se desvirtúa la dinámica violenta y contribuya a la construcción de las relaciones políticas y sociales. Estas reglas pudieran aparecer como instituciones formales, que permitan el abordaje del pasado desde el sistema político-jurídico; y que por ejemplo lo podemos observar en las leyes de amnistía que se han tomados en algunos países latinoamericanos como Colombia, Chile, Venezuela, como informales, esto es, en relación con la construcción de valores sociales y códigos de conducta.

Partiendo de lo anterior, cabría preguntarse ¿por medio de cuáles mecanismos se logra activar y fortalecer esta transformación institucional? ¿Puede ser el perdón uno de estos mecanismos utilizados con el fin de contribuir a la convivencia de individuos antes vinculados por relaciones de violencia? Y si es así, ¿Cómo ocurre el perdón y cuáles factores contribuyen a su desarrollo?

En este punto del análisis es necesario reconocer que llegar a una definición de perdón desde las ciencias sociales es particularmente problemática. En opinión del investigador y sin considerarse una opinión conclusiva, esto se debe a que, en primera instancia, el tratamiento generalizado que se le ha dado al término se deriva de su naturaleza moral, de forma que únicamente permite un tratamiento parcializado; y por otro lado, ha sido igualado a mecanismos de justicia transicional como los indultos y amnistías, en los que no hay una mención explícita a procesos sociales que impliquen la reconstrucción de vínculos destruidos por la situación de conflicto.

Para Hélder Cámara dicha reconciliación es necesariamente racional al nacer de la razón de la fe, que movido por esa necesidad de ver la razón en las diferentes ideologías hizo reflexiones críticas al capitalismo liberal, y al socialismo, mostrando los aspectos positivos y negativos de ellas, que lo llevaron a catalogarlo por muchos como comunista incluso dentro de la misma iglesia católica. Así lo expresa en su libro Cristianismo, Socialismo, Capitalismo (1974):

> Como sistemas, el capitalismo y el socialismo son culpables en la práctica de crímenes espantosos contra la humanidad. Pero debemos hacer una distinción. La manera en la que el capitalismo aplasta al hombre es más sofisticada y sutil y procede de la misma naturaleza del sistema, mientras que las bárbaras crueldades que ha cometido el socialismo ruso y chino son crímenes contra el verdadero socialismo. (pág. 15)

En su reflexión menciona que por un lado se le culpa al capitalismo del estado de condiciones infra-humanas que viven millones de personas en el mundo e inclinándose como solución mesiánica volver al socialismo como forma de liberación de la humanidad, señalando el éxito logrado por Rusia y China (cada uno en sus contexto de tiempo y espacio particular). Ciertamente Rusia logró transformar su posición medio feudal a convertirse en una

41

superpotencia que incluso rivaliza con Estados Unidos, por otro lado China ha obtenido una posición que tanto Estados Unidos como Rusia consideran amenazadora. Sin embargo, en su razonamiento Helder Cámara concluye que Rusia se ha hecho tan imperialista como cualquier otra superpotencia capitalista (hasta el punto de romper con su sistema político tradicional y encaminarse hacia una sociedad de mercado más libre-opinión del investigador) y China intentó eliminar mediante la revolución cultural la autoridad de los mandarines, aunque sin esperanza, al estar basada en la divinización de Mao y ser impuesta por la fuerza bruta.

Al comparar el mundo capitalista con todas sus injusticias, con el mundo socialista en el que la negación de la libertad es absoluta, se preguntaba Helder Cámara: "¿no es un mal menor inclinarse por el capitalismo y apoyarlo y defenderlo?, Luego uno podría trabajar para corregirlo y mejorarlo. Tengamos la valentía de encarar este argumento." (pág. 21). Concluyendo su reflexión en que en la actualidad tanto el capitalismo como el socialismo tienen muy poco que echarse en cara.

La tolerancia para Helder Cámara va mas allá del simple hecho de aceptar las diferencias para obtener una convivencia mínima como lo plantean los autores antes citados como Chantal Moufee, Jhon Rawls, Giovanni Sartori, se convierte en una esencial vivencia de sabiduría razonada desde la convicción que entendiendo la naturaleza de los ideales del otro se fortalece las acciones comunes para lograr mejores condiciones de vida y fe que no se limita a aceptar por resignación un mandato de sufrimiento como se ha tratado de confundir la tolerancia religiosa.

Y de acá su coincidencia con Gustavo Gutiérrez (1975) en su libro Teología de la Liberación. Perspectivas, sostiene dentro de sus postulados aunque teóricos, que la teología, se convierte en un saber racional, fruto del encuentro de la fe y la razón que, en ocasiones se ha limitado exclusivamente a la construcción de una simple sistematización y de una exposición clara y lógica, obviando otras aspectos. Según éste autor, tanto la sabiduría como el saber racional son funciones teológicas que, aunque responden a otras épocas, siguen siendo indispensables en la cultura de la fe y, por ello, deben ser en parte recuperadas de las escisiones o deformaciones sufridas a lo largo de la historia.

Se desprende entonces una reflexión sobre la idea de tolerancia que puede ser utilizada en diversos sentidos, y esta polisemia o diversidad de significados, suele generar algunos problemas. Por ejemplo, cuando la persona percibe que queda satisfecho con la idea de que tolerancia representa algún tipo de mal, que se debe soportar. A pesar de que ésta sea una de las posibles expresiones que se puedan utilizar, no es la única, ni la más adecuada para la actual etapa de la moderna idea de tolerancia. Contra esta reflexión, se pudiera argumentar, entre otras cosas, que es necesario hacer una interpretación histórica evolutiva de la idea de tolerancia. En cualquier caso, la diversidad semántica del término tolerancia también tiene puntos positivos, ya que enriquece el estudio.

6

LA TOLERANCIA BASADA EN LA FRATERNIDAD

De la anterior pudiéramos destacar algunos aspectos: a) el estudio de los elementos de la tolerancia no ha recibido la merecida atención por parte de la doctrina. Identificarlos, del modo como se ha hecho, ayudaría a determinar cuándo el valor de la tolerancia pudiera ser positivo o negativo, y pondría de manifiesto que la relación de tolerancia se instaura principalmente entre los sujetos y el objeto, y no entre uno y otro sujeto; b) el hecho de que los discursos tradicionales de la tolerancia no se orienten más allá de los ideales de libertad e igualdad, pone de manifiesto los problemas del protagonismo y del aislamiento. El protagonismo es fuente de conflictos entre los sujetos o personas en la relación de tolerancia, al hacer que unos se sientan elogiados y otros se perciban menospreciados; y el aislamiento se convierte en un problema por impedir que la tolerancia realice su función, tanto en su aspecto de intercambio de beneficios como en el de intercambio de los espacios necesarios; c) no parece satisfactorio que la tolerancia se exprese sólo en términos de libertad e igualdad, ya que es posible imaginar una tolerancia fundada igualmente en la fraternidad como lo sostienen Helder Cámara y Gustavo Gutiérrez.

Asimismo, se puede aceptar la existencia de un paralelismo entre los arquetipos tradicionales de la tolerancia antes citados, la tolerancia convergente y la triada libertad, igualdad y fraternidad. El modelo magnánimo lo podemos hacer corresponder al ideal de libertad, el ponderado y el amparador al de igualdad, y la tolerancia convergente al de fraternidad. En efecto, en la tolerancia convergente se propone razonar la tolerancia desde el punto de vista de la fraternidad.

La idea de convergencia pretende instituir un nuevo "uso", es decir, una nueva pauta de comportamiento que nos permita convivir con lo desconocido, con el extraño; que nos impulsa a estar a la altura de los acontecimientos; nos sitúa frente al futuro y nos libera para crear algo nuevo, racional, algo mejor.

Cámara (1974), se planteó realizar una acción social y que la constituyó como su gran labor de su vida: "promover al hombre en su integridad". Sostenía que era necesario realizar acciones por la paz y la convivencia entre todos los hombres y que para ello el pesimismo y el desánimo debían ser superados. En su opinión es papel del Gobierno tomar esta tarea, pero no esperar que éste lo hiciese todo, convirtiendo estas acciones en bases para una convivencia comunitaria.

Se planteó desde la construcción de una verdadera fraternidad, la realización del ecumenisismo incluso entre las diferentes religiones: ante ello sostenía: "La religión no es el opio del pueblo. La religión es una fuerza que encumbra a los humildes y rebaja a los orgullosos, que da pan a los que están hambrientos y hambre a los que están hartos" (pág. 109).

Haciendo referencia a las coincidencias entre los libros bíblicos reconocía que siempre habrían ricos dispuestos a acumular los bienes y por otro lado siempre pueden producirse desigualdades debidas a las diferencias de capacidad entre los hombres y a otros factores inevitables, y que Jesús nos enseñó también que el segundo mandamiento era igual al primero, "porque nadie puede amar a Dios sin amar a sus hermanos los hombres". Y nos previno que todos seríamos juzgados por un solo hecho y para ello citó a una cita bíblica en el libro de Mateo:

Tuve hambre y me disteis de comer... Cuando lo hicisteis a uno de mis hermanos más pequeños, conmigo lo hicisteis. (Mt 25, 31-46).

En la perseverancia de insistir en la búsqueda de la tolerancia necesaria entre las religiones siempre hacía referencia de otros libros bíblicos para mostrar las coincidencias que acercaran a una convivencia social y política. Para él todas las religiones y las doctrinas de la humanidad hacen eco de dichas palabras tal como el que citaba que el Corán anunciaba la última prueba a la que los hombres serían sometidos, cuando Dios llegara a juzgarlos, cual era "rescatar a los cautivos, alimentar al huérfano cuando tiene hambre, amparar al pobre que duerme sobre la roca... Aceptar, como única ley, la misericordia (cita del Sura 90, 11-18, en Cámara 1974)".

Sostenía que todos tenemos que contribuir a la distribución equitativa de todos nuestros bienes, y si alguien pretendendiera apropiarse lo que los demás necesitaran, los poderes públicos debían tener el deber de imponer una redistribución a la que no se ha accedido de buena voluntad. Esto lo expresaba aludiendo a la encíclica del Papa Pablo VI:

El bien común exige, algunas veces, la expropiación, si por el hecho de su extensión, de su explotación deficiente o nula, de la miseria que de ello resulta a la población, del daño considerable producido a los intereses del país, algunas posesiones sirven de obstáculo a la prosperidad colectiva.

Afirmándola netamente el Concilio ha recordado también, no menos claramente, que la renta disponible no es cosa que queda abandonada al libre capricho de los hombres; y que las especulaciones egoístas deben ser eliminadas. Desde luego no se podría admitir que ciudadanos, provistos de rentas abundantes, provenientes de los recursos y de la actividad nacional, las transfiriesen en parte considerable al extranjero, por puro provecho personal, sin preocuparse del daño evidente que con ello infligirían a la propia patria. (Populorum Progressio, n. 24)

Para Helder Cámara, América latina, posee los hombres capaces de llevar a efecto esta idea, aunque requieren mayor libertad para actuar. No se refería a algún miembro de la iglesia, sino a todas las personas sea cual fuese su profesión, y especialmente se refería a la población joven, que con ciertas acciones libres se pudiera forjar un modelo de nuestro propio desarrollo como región. Entendía que no necesariamente sería un modelo capitalista o neocapitalista, comunista, tampoco menos una copia de los modelos socialistas actuales. Concluyendo:

Queremos y necesitamos una socialización que respete los derechos de la persona humana; queremos una socialización que no se convierta en dictadura, ni del partido ni del gobierno. ¿Es mi sueño una utopía? Yo creo que si somos muchos los que eso soñamos, llegaremos a encontrar algún día un camino y una solución. Cámara (1974: pag, 89).

De allí que una tolerancia basada en la fraternidad acerca a los diferentes actores de la sociedad donde quede garantizada la libertad, la igualdad mediadas por la fraternidad.

7
CATEGORIAS DOCTRINALES PARA LA ACCIÓN POR LA JUSTICIA Y LA PAZ EN HELDER CAMARA

Cámara (1971) en su libro Espiral de la Violencia introduce una propuesta de acción concreta para la Justicia y la Paz y la cual intenta ser analizada desde una perspectiva doctrinal que pudieran considerarse para lograr la convivencia social y política en las sociedades latinoamericanas. Dentro de las categorías que se extraen de sus documentos, contentivos en libros, entrevistas, conferencias y personajes que conociéndolo han escritos sobre su pensamiento en vida, se detallan:

La No-Violencia como estructura de Vida

En el libro citado expresaba que un programa de Acción por la Justicia y la Paz se explicaba por sí sola, iniciando la reflexión desde las ideas de las palabras que la constituían:

En primer lugar hizo una propia conceptualización para la

acción activa. Una "Acción" que no se concreta a la especulación, la teoría, la discusión, ni a la simple contemplación; sostenía que su significado estaba en conversión propia desde las acciones propuestas en el Concilio Vaticano II. Cámara ve desde algunos documentos pero especialmente desde la encíclica Populorum Progressio la necesidad de construir acciones para la solidaridad y que conduzcan a lograr el paso de condiciones de vida menos humanas a condiciones de vida más humanas, sosteniendo que desde ella se pudieran construir las acciones para la Justicia y la Paz, en ese sentido se hace referencia al preámbulo de la encíclica antes mencionada:

> ...apenas terminado el segundo Concilio Vaticano, una renovada toma de conciencia de las exigencias del mensaje evangélico obliga a la Iglesia a ponerse al servicio de los hombres, para ayudarles a captar todas las dimensiones de este grave problema y convencerles de la urgencia de una acción solidaria en este cambio decisivo de la historia de la humanidad. Carta Encíclica Populorum Progressio, preámbulo, (1967; n.1).

Para Helder Cámara esta acción necesaria para lograr la fraternidad entre los hombres y que permita una convivencia de todos los actores sociales y políticos, estaba ordenada desde la encíclica antes citada y él se consideraba un "simple soldado" que se propuso obedecer, específicamente cuando el mismo documento citado menciona:

> Hoy el hecho más importante del que todos deben tomar conciencia es el de que la cuestión social ha tomado una dimensión mundial. Juan XXIII lo afirma sin ambages, y el Concilio se ha hecho eco de esta afirmación en su Constitución pastoral sobre la Iglesia en el mundo de hoy. Esta enseñanza es grave y su aplicación urgente. Los pueblos hambrientos interpelan hoy, con acento dramático, a los pueblos opulentos. La Iglesia sufre ante esta crisis de angustia, y llama a todos, para que respondan con amor al llamamiento de sus hermanos. Carta Encíclica Populorum Progressio, preámbulo, (1967; n.3).

Este llamado que hiciere el Papa Pablo VI significó para Helder Cámara la base que le permitiría establecer las acciones para el programa de Justicia y Paz que más tarde propuso y que luego lo consolidó con las llamadas Minorías Abrahámicas, no significaba la aceptación de ayudas humanitarias, caridad u otras acciones que si bien entendidas cubrían necesidades apremiantes, no constituían una solución permanente y sustentable a la convivencia de los pueblos sean éstos países desarrollados o los incluidos en los llamados del tercer mundo. Al respecto dentro del marco del discurso pronunciado en la catedral metropolitana de Liverpool el 25 de junio de 1972, citado en Cámara (1974) expuso:

> Debemos tener el valor de examinar profundamente nuestra vida, nuestra conducta... ¿Estamos seguros de que dentro de nuestras limosnas no está el sudor y la sangre de nuestros empleados, de nuestros obreros?

> ¿Estamos seguros de que dentro de la ayuda que nuestro país concede a los países pobres no hay sangre, sudor, fatigas y lágrimas? (p.47)

> ...Cristo, ayuda nuestra buena voluntad y nuestro deseo de no matar u ofender jamás a nadie, pero ayúdanos a llevar a cabo tu programa de vida y vida abundante no sólo para los grupos pequeños sino para toda la humanidad; no sólo para algunos países sino para todos los países... (p.48)

En dicho discurso hizo un llamado a la reflexión de los países desarrollados a la necesidad de construir pueblos convivientes y no simples sociedades dependientes de otros donde prevalezca un colonialismo con figuras novísimas y acá se refería a las supuestas independencias de los países de África que eran antes algunas colonias de Inglaterra (proceso conocido como descolonización) y que a pesar de convertirse en países descolonizados mantuvieron una dependencia cultural, educativa, social tal que en la práctica se mostraba una dependencia política. Al respecto cita en su libro Espiral de la Violencia (1971):

> La ayuda es ciertamente útil, pero siempre será insuficiente. No se alcanzó el núcleo del problema, si nadie tiene el coraje, la Populorum Progressio tuvo, para denunciar la monstruosa injusticia, según la cual

la actual política de comercio internacional se organiza. (traducido. p.28)

De allí que Helder Cámara promovió una verdadera igualdad entre los pueblos, situación que le mostró ante muchos países como un representante del sistema comunista, sin embargo, lejos de serlo la intención era simple: cumplir la promesa de la iglesia de proyectar las cuestiones sociales y de minimizar las condiciones de vida infrahumanas alcanzado niveles de justicia a la luz del Evangelio.

En segundo lugar, al referirse al término de "Justicia" Cámara (1974) afirmaba: "hay injusticias en todas partes; en todas partes hay necesidad de justicia" (p. 50, traducido). Sostenía que era importante mantener la serenidad necesaria para enfrentarse a los problemas de la justicia y de la injusticia, por dos razones principales: en primer lugar, las injusticias en la actualidad no sólo existen entre individuos o entre grupos, sino también entre países e incluso entre continentes y en segundo lugar, sin justicia no se llegará a una auténtica y duradera paz, por lo que ésta última se construye desde la justicia y es condición de ésta.

Su propuesta entonces estaba dirigida a todos quienes tuviesen una sed de la justicia: a quienes sufren la injusticia; "los oprimidos" por el mismo sistema, tanto de los países subdesarrollados, como también aquellos pertenecientes a los estratos subdesarrollados de los países ricos; Igualmente aquellos que pertenecen a las clases privilegiadas de los países pobres y ricos, pero que no aceptan ni reconocen la injusticia como la denominaba Cámara; la violencia No. 1; dirigida también a los técnicos y profesionales, quienes pudiesen estar en mejores condiciones para comprender la gravedad de la gran brecha entre los países del mundo desarrollado y subdesarrollado y que, por naturaleza y por profesión, pudiesen preferir unas acciones pacificas ante una violencia sangrienta, acciones que denominaba "presión moral liberadora". También su propuesta incluía a quienes habiendo optado por la violencia armada, empezaban a preguntarse si la violencia de los pacifistas pudiera convertirse en la verdadera solución; y por último a los que ocupaban u ocuparon posiciones de autoridad, y que responden violencia con violencia (de hecho, incluso con la tortura), pero que entienden la urgencia de la violencia de los pacifistas para exigir justicia sin caer en la violencia armada y el odio (Cámara, 1971:

56:57).

Para Cámara la propuesta de Acción por la Justicia y Paz (AJP) no debía ser considerada como un partido político; ni perteneciente en algún modo a un solo hombre, partido, país, cultura o religión. Más bien un gran movimiento que debía ser considerada como una reunión de hombres de buena voluntad convencidos de que sólo los caminos de la justicia y el amor conducen a la verdadera paz, y que son dirigidos a ejercer una "presión moral liberadora" (p.58), para obtener justicia y ayudar a la humanidad para liberarse del odio y del caos.

Par a algunas religiones la "justicia" de la palabra presupone virtudes, y es de hecho un sinónimo de santidad, es por ello que sostenía que para lograr esto con el desarrollo del programa de Acción para la Justicia y la Paz, era necesario recopilar de los libros sagrados de todas las religiones las exhortaciones, los preceptos y las oraciones que hablaban de paz y de justicia, y de manera similar los ejemplos de los grandes modelos en las distintas religiones.

Bajo esta reflexión sobre la justicia, Helder Cámara realiza un análisis en un contexto temporal de 1972 en el discurso pronunciado en la catedral metropolitana de Liverpool el 25 de junio de 1972, citado en Cámara (1974), y que se desprende sobre las condiciones de vida surgidas en Latinoamérica por las injusticias en los diferentes países y que actuaron como grandes imperios ante países pobres. Inicia su análisis estableciendo que las estructuras de opresión que agobiaban a dos tercios de la humanidad eran iniciadas desde las grandes corporaciones multinacionales, y que en vez de ser el monopolio de un sola compañía, están conectadas con todos los países y que en cada uno de ellos constituyen una compañía nacional, con nombre y junta directiva de administración local, utilizando la materia prima de los países locales y en muchos con parte del capital local. Para ejemplificar dicha situación, Cámara alude a la función de las corporaciones gigantes en América Latina después de la revolución cubana de Fidel Castro.

Antes de la revolución cubana y durante el gobierno de Batista, Cuba era dominada económica y socialmente por grupos de la clase privilegiada de Cuba y que trabajaban en estrecha relación con el imperialismo exterior a ella. Por otro lado y posterior a la revolución, Cuba trató de conseguir la buena voluntad y la comprensión de los Estados Unidos y de Canadá inclusive, quienes con la imposición del boicot económico y la prohibición de los países del continente de establecer contacto con ella por orden de norteamericana, Cuba tuvo cambiar y mirar hacia Moscú, lo que de ningún modo fue algo ideal para Latinoamérica. Esto indudablemente puso en alerta a los Estados Unidos con el temor que el resto de América Latina siguiera el mismo camino de Cuba.

En esta reflexión Helder Cámara llega a ciertas conclusiones respecto a su análisis y es que reconoce que si es cierto que Cuba logró resultados muy buenos en algunos campos, tales como la eliminación del analfabetismo y del mismo colonialismo interno, y que logró una actitud de independencia hacia los poderes capitalistas del imperialismo norteamericano, por otro lado tuvo que pagar el precio de convertirse en presa de Rusia, simplemente porque dependió de la asistencia rusa, y que no podría estar más lejos de la verdadera liberación.

Así mismo también Latinoamérica a juicio de Cámara ha pagado dicho precio bajo el pretexto de escapar al proceso de la cubanización. Las grandes corporaciones empezaron a adoptar hacia la América latina una política totalmente nueva en apariencia pero que en la realidad conservaba y aumentaba el mismo espíritu de la dominación imperialista especialmente en el desarrollo agrícola.

Dentro del análisis menciona algunos casos (se considera acá en el contexto de la investigación): en la década de 1960 la firma Caterpillar envió desde los Estados Unidos 4,2 billones de dólares de beneficios netos, siendo los principales centros de operación de esta empresa Panamá, México y Brasil. Por otro lado, en un año la firma Cargill, la mayor exportadora de sobrantes agrícolas de los Estados Unidos, ha contribuido con un billón de dólares a la balanza americana de pagos. Menciona que para los países ricos estas cifras pudieran parecer pequeñas, pero para los países pobres estas cantidades son casi siempre mayores que su producto nacional bruto.

Estas corporaciones en vez de utilizar un nombre extranjero usualmente constituyeron una compañía nacional en cada país, con nombre nacional, empleados a nivel administrativo nacional (e incluso a nivel de gerencia si estos empleados adquirían el espíritu capitalista y en cuya fidelidad a la compañía principal se puede confiar)

Con éste análisis muy corto pero que proyecta a su juicio el comportamiento de las grandes corporaciones en diferentes imperios sean norteamericano, ruso incluso el chino, concluye que los sistemas socialistas que existen en Rusia y en China no son ilusiones que se deben alcanzar para lograr la justicia y evitar las injusticias que sufren los pueblos ya que considera que Rusia y China en la práctica son imperios, como los imperios capitalistas, aunque acierta en el hecho que los imperios socialistas son menos hipócritas, mucho más directos. Un hecho evidente fue que con el arsenal militar Rusia y China prácticamente redujeron a los países satélites que se atrevían a disentir de su ideal de socialismo, imponiendo el materialismo dialéctico por la fuerza y adoptando un ateísmo militante.

Afirmaba que, la represión de la libertad en los países capitalistas se produce más sutil y sofisticadamente. En la Europa occidental, en Norteamérica y en Japón existe el convencimiento general de que en el área capitalista hay libertad, especialmente para las empresas privadas, para la prensa y la religión. Se puede ver como en ese mismo sentido por ejemplo el colonialismo político aunque ha finalizado, todavía existe un colonialismo económico, en el que varios países latinoamericanos mantienen una dependencia directa con algún país rico. En el contexto temporal donde se desarrolla éste análisis observamos la dependencia directa de países latinoamericanos sobre Estados Unidos, e incluso hacia China, que en algunos casos se produce un cambio de país rico por otro, tales son los casos de países como Venezuela, Bolivia, Ecuador e incluso Brasil.

Respecto a la libertad de prensa, en aquellas áreas que controlan los imperios capitalistas la libertad es relativa, cuando les conviene, los imperios capitalistas toleran y apoyan las dictaduras derechistas. Y en último análisis, en los países capitalistas no difiere mucho de sus opuestos imperios izquierdistas en llevar la comunicación a un final efectivo a través de los estratos de la población de clase media. Pero incluso, en aquellos donde no hay dictadura, por ejemplo hasta en los Estados Unidos o en la Europa occidental, que alguien intentara oponerse abiertamente a los intereses básicos del capitalismo y la radio o el programa de televisión que contenga tales puntos de vista se arriesga a ser suavemente suprimido, al igual que le pasaría al columnista de algún periódico o de revista.

En este punto afirma Cámara (1974), que tanto los imperios capitalistas como los socialistas coinciden en sus objetivos de mantenimiento del poder. Ambos incitan y alimentan los conflictos entre las naciones más pequeñas, pretendiendo dividir el mundo en zonas de influencia. En ambos mundos se da la explotación de países pobres, y aunque pudieran colaborar juntos con el pretexto de salvar la paz del mundo, lo que en la práctica se da es una repartición entre ellos. De allí que en su interrogante al público en el marco de la Charla pronunciada en el estadio de Liverpool el 24 de junio de 1972 citado en (Cámara 1974), "¿Por qué no entenderá la gente sincera que ambos imperios son equivalentes y que denunciar la explotación y el abuso del capitalismo no implica de ningún modo adherirse al comunismo?" (p. 44). De allí que para el autor en referencia no es extraño que un país extranjero pueda llegar a intervenir en los problemas internos de cualquier país, refiriéndose a que para esas grandes corporaciones multinacionales no existen limitaciones para la entrada a una nación.

De acá se desprende una reflexión y es que verdaderamente los países latinoamericanos no han puesto restricciones significativas a las grandes corporaciones más allá de las inversiones en dólares y el empleo de locales. Si bien es cierto que dichas inversiones generan bienestar en la calidad de vida de la población, por otro lado y con poca obligación no se establece un desarrollo sostenido en las zonas de operación de dichas empresas, impulsando una cultura más hacia el exterior que hacia adentro. Por otro lado pareciera que desde la perspectiva de los países más ricos no es fácil entender y aceptar la creencia que existe en los países pobres de que su miseria es la explotación de que les hacen objeto las superpotencias capitalistas y sus grandes corporaciones de empresas. Es más fácil asumir que la causa de la miseria de los éstos radica en la supuesta inferioridad de los pueblos de color, en la falta de decisión y en la vagancia, en la falta de honradez y en una excesiva natalidad.

Es desde esta reflexión que Helder Cámara llega a una interrogante que intentó convertir en un requerimiento de acción para la iglesia: "¿Cuándo decidirán las iglesias juntar toda la fuerza moral que aún pueden conseguir para tratar de acabar con la manipulación del hombre que, sin embargo, se presenta como liberación del hombre?" (p.45). Sosteniendo que para elegir entre una forma de dependencia extrema u otra no se debería pretender usar el nombre de Cristo, "único liberador", que vino a liberar del pecado y de las consecuencias de éste, del mismo egoísmo y de sus consecuencias. Incluso con un llamado casi de exigencia y que conscientemente se introducía al territorio de la política, exclamaba: "¿cuándo se decidirán las iglesias a denunciar las injusticias que procedan de cualquier sistema, con la segura convicción de que sin justicia no habrá paz?" (p.45).

En cuanto a la Paz, afirmaba que "la justicia se constituye en la condición para la paz, el camino para alcanzarla". Se hace necesario evitar la presencia de una falsa paz. Cámara (1971:56, traducido). Sostenía que la paz presupone que los derechos de todos se respeten plenamente: los derechos de Dios y los derechos de los hombres; no sólo los derechos de algunos hombres en detrimento de muchos otros. Afirmaba que "lo que parece oscuro se aclarará. Y el movimiento que parece ser sin un líder, sin una guía, será dirigido directamente por el Señor." Cámara (1974: 58).

Una de las acciones y que motivaron a Helder Cámara fue la creación de la Comisión Pontificia para la Justicia y la Paz, por Pablo VI, sin embargo, mantuvo la preocupación y observación vigilante en la necesidad que en cada país se constituyera una comisión que trabajase con un amplio espíritu ecuménico que incluyera tanto a los cristianos como a los no-cristianos, a los creyentes y no-creyentes.

A ello propuso tres acciones que desde la comisión se debería considerar:

La necesidad que la comisión pontificia sobre la justicia y la paz presente propuestas de cómo las instituciones cristianas pudieran liberarse de los engranajes del capitalismo, a ello se refería sosteniendo: "si las denominaciones cristianas pudieran liberarse de tener que detentar sus propios sistemas bancarios, sería una gran señal que tendría vastas repercusiones", Cámara (1974: 73).

Igualmente consideraba que constituiría un gran impacto moral que la comisión pontificia sobre la justicia y la paz motivara a la jerarquía de la iglesia de todo el mundo a no apoyar a las estructuras de los Estados que con el pretexto de mantener un orden social y una autoridad, aceptan modelos esclavizantes de pueblos sub desarrollados.

Una tercera acción orientada a motivar a la comisión pontificia sobre la justicia y la paz para la creación de comisiones en diversos países que trabajen en el desarrollo de acciones de enseñanzas sociales de la iglesia y no en simples acciones limitadas a principios generales y de guías.

Con estas acciones exponía la necesidad de una transformación en las personas orientadas a liberarlas de los vestigios del "prestigio" y de la "influencia social". Sostenía que "...la juventud estaría con nosotros y podríamos crear las condiciones para unirnos a los pisoteados", (1974: pág. 64:67).

Las Minorías Abrahámicas

Cámara se plantea la importancia de construir un movimiento que haga una "presión moral liberadora" que desde la existencia de pequeñas fuerzas puedan significar una gran voz que sobrepase a las instituciones y Estados poderosos, concretada en tres dimensiones: Acción, Justicia y Paz, aunque reconoce que las instituciones se encontraban (en el contexto tiempo y espacio considerado para el estudio) imposibilitadas para emprender dichas dimensiones, considera que desde pequeños grupos se puede llegar a la creación de un gran movimiento liberador. Esa imposibilidad las argumentó por la existencia de:

Una falta de un consenso completo entre sus miembros, lo que hace poco viable la Acción, Justicia y Paz.

Necesidades de sobrevivencia de los regímenes tanto capitalistas como comunistas obligan a que permanezcan en sus propias esferas de protección del poder.

De allí que su propuesta se orientó a moldear a las minorías existentes en los diferentes espacios y convertirlas en las estructuras de cambios necesarias para alcanzar la justicia y la paz. Al respecto, Feliciano Blazquez (1974), en su libro "Ideario de Hélder Cámara" sostiene que estas minorías constituyen una fuerza sólo comparable a la energía nuclear escondida durante años, en lo más íntimo de los átomos, en espera de la hora de su descubrimiento. Ciertamente en todas partes del mundo viven hombres y mujeres, de todas las razas, lenguas, religiones e ideologías, dispuestos a no escatimar sacrificio para ayudar a construir un mundo más justo y más humano.

Como lo sostenía Cámara en su libro Cristianismo, Socialismo y Capitalismo (1974), la nominación que le da de "minorías Abrahámicas" lo refiere a que "Abrahán" fue primero llamado por Dios, tuvo que hacer frente a pruebas difíciles. Aprendió a sus expensas a despertar en nombre de Dios a sus hermanos, a llamarles, animarles y a encaminarlos. De allí que desde los diferentes grupos de profesionales: periodistas, obispos, soldados, ingenieros, médicos, etc., se desprende la presencia de éstas minorías que desde cada uno de sus espacios contribuyan con sus acciones a los programas de Justicia y Paz, que como Abrahán esperan contra toda esperanza.

En su reflexión Hélder Cámara esperaba que en su país -Brasil- y en el resto de Latinoamérica y el mundo se pudiesen conformar tales minorías Abrahámicas entre diferentes grupos de personas; médicos, ingenieros, estudiantes, periodistas, soldados, obispos, católicos, protestantes o judíos. Sin embargo para poder ser realizable, Cámara expresa algunas acciones que estas minorías deben asumir para encaminarse hacia la construcción de la justicia y la paz:

Construir vías para contactarse con:

Los líderes de las clases privilegiadas, en primer lugar. Pero, aclaraba que para esto, es necesario que el mismo grupo tenga a alguien que se imponga por su fuerza moral y que sea capaz de presentar las verdades más duras con "la caridad más auténtica". De allí que es determinante que se potencie estos grupos desde figuras de personas con un comportamiento moral y credibilidad y que se configure en un liderazgo que transforme.

Con los líderes de las distintas religiones: señalando como ejemplo la necesidad de un encuentro entre los católicos de América latina y los protestantes, haciendo referencia a los de Upsala (Suecia).

Señalaba que era necesario que se desarrollen otros movimientos semejantes en el seno de las otras religiones. Para Cámara era vital que cada religión encontrara en sus textos sagrados aquellas verdades capaces de infundir la vitalidad necesaria para la promoción humana y de, "sacudir violentamente la conciencia de los ricos" Cámara (1974). Las minorías Abrahámicas conceptualizada por él lograrían entonces convertirse en un elemento de gran importancia y su influencia sería excepcional.

Iniciar el diálogo con los militares. Ya que en el fondo, es necesario considerarlos como hermanos en humanidad. Y es evidente, que entre las fuerzas armadas también existen minorías Abrahámicas que hay que despertar, infundir vida, incorporar a la Acción, Justicia y Paz.

Con los políticos. También consideraba necesario acercarse a ellos "con la inocencia de la paloma y con la astucia de la serpiente a su vez". Cámara (1971). La influencia que logró Cámara en el entorno político de Brasil durante la dictadura fue de tal significación que a pesar de la represión y la persecución, ésta respetaba más que su investidura, el reconocimiento que el pueblo de Recife le otorgaba como líder tanto espiritual y social.

Dentro de sus reflexiones, las cuales están concentradas en diferentes fuentes compiladas en textos, entrevistas, conferencias, mencionaba

¿Estaremos tan alienados que nos estemos permitiendo el lujo de buscar a Dios en las horas cómodas del ocio, en los templos lujosos, en las liturgias pomposas, y a menudo vacías, y no verle ni escucharle o servirle precisamente allí donde está él de verdad y donde nos espera y exige nuestra presencia: en la humanidad, en el pobre, en el oprimido, en la víctima misma de la injusticia de la que tan a menudo nosotros somos cómplices...?. Blazquez (1974: p 219)

De allí que para Cámara era necesario romper la huella del egoísmo propio que "nos encarcela en nuestro propio yo". Significación que se le da al hecho de no dejarse encerrar en los círculos de problemas de nuestros propios espacios en el cual decidimos pertenecer, debiendo colocar con mayor prioridad los problemas de la humanidad y a la cual debemos servir, para ello invitaba a "ponerse en camino" para salir de sí mismo, abrirse a los demás, a las ideas y comprender aquellas que son contrarias a las nuestras. Postulaba en sus evangelios la siguiente frase "Bienaventurados todo aquel que entiende y además hace realidad en su vida aquel dicho: Siempre que no estás de acuerdo conmigo, me enriqueces" Cámara (1974).

Para exponer lo anterior introduce el concepto de compañerismo muy propio en su doctrina iniciando la reflexión con el símil etimológico de la palabra "el que come el mismo pan". De allí que caminar a solas es posible y mucho menos cuando este viaje es el de la vida, que requiere compañeros, quienes deben preocuparse en momentos de desánimos, cansancio, incluso intuir el instante en que están a punto de desesperar. Deben estar presentes, el escuchar con cierta inteligencia y delicadeza, pero sobre todo con amor, buscando recuperar el coraje, la voluntad y reencontrarle gusto al "viaje".

Para las minorías Abrahámicas, ese caminar significa ponerse activos y ayudar a muchos otros a lograr la actitud necesaria para construir un mundo más justo y más humano, logrando abarcar todos los continentes y países. Esta acción para alcanzar la Justicia y Paz no debe estar limitada a un país en particular ni mucho menos a un idioma e incluso a una religión específica.

La fuerza moral de la Acción, Justicia y Paz nacerá entonces. Concluye aseverando que cuando estas minorías del tercer mundo se sientan auténticamente solidarias y, sobre todo, cuando sean acogidas fraternalmente por los países desarrollados, la humanidad habrá dado un paso importante hacia la paz. Sin embargo y como promotor de una iglesia reformadora y progresista sostenía que era apremiante la estructuración de estas minorías abrahámicas dentro de la iglesia en cada uno de sus estructuras de constitución.

Las Minorías Abrahámicas dentro de la Iglesia

Con mucha preocupación indicaba que en el seno de la iglesia era el entorno donde con primacía y urgencia debían conformarse las primeras minorías Abrahámicas, para no perder el privilegio de ser los primeros en el llamado de Dios. Afirmaba que tarde o temprano estas minorías estarían en todo los continentes y deseaba que la iglesia católica fuese el que estuviera allí para enaltecerla.

Como todo movimiento global –el cual era su sueño-, afirmaba que era necesario que contara con una estructura, que no contradijera sino coexistiera con la estructura actual de la iglesia y que fuese parte de ésta. Y en esta reflexión entendía que podía entrar en conflicto con algunos miembros ortodoxos de la iglesia católica pero siempre valiéndose de la fuerza de la fe encontrarían el camino para la coexistencia necesaria. Una estructura que fuese parte de la iglesia pero con una autonomía y flexibilidad que la dinamizara y actualizara con los diferentes cambios sin el obligante camino de entrar en aprobaciones jerárquicas que le quitaran vitalidad en el tiempo.

En el análisis que argumenta la necesidad de la dicha estructura y que no se viese como otro movimiento pastoral convencional exponía la interrogante siguiente: "¿Qué iba a pasar entonces cuando el movimiento llegara a todos los rincones de la ciudad, a todas las ciudades del país, a todos los países del continente?", Cámara (1974: pág. 22). Con ello trataba de aclarar que no puede haber vida institucional sin alguna especie de estructura que guíe el camino, evitando que el mismo movimiento caiga en acciones arbitrarias que lo separen de su esencia, pero era necesario para mantener una vitalidad que sus miembros tuviesen la valentía y la serenidad de "enfrentarse a las acreencias que sobrecargan la estructura original y renunciar a ellas". Sostenía que:

Algunas partes pueden estar corrompidas y necesitan ser reemplazadas. Otras estructuras incluso pueden necesitar la renovación completa, pero tenemos que comprender y aceptar el hecho de que el hombre no puede eludir por entero la dependencia en alguna especie de estructura razonable y funcional, Cámara (1974: pág. 23).

En esta reflexión fue enfático al sostener que si la iglesia no tenía la valentía de tocar sus propias estructuras, no tendría fuerza moral para colocar algunas objeciones a las estructuras de la sociedad, no debería entonces limitarse simplemente a los problemas internos de la iglesia, sino también a los externos a ella; propios de la sociedad, que se constituyen en los verdaderos problemas importantes y urgentes de la humanidad y que piden y exigen una respuesta de los líderes de la iglesia, y advirtió que si la iglesia se concentraba en las disputas internas, la juventud daría la espalda corriendo el riesgo de irse a otras religiones.

En ese misma dirección y dentro del marco de la conferencia pronunciada en Münster, Alemania el 22 de junio de 1972 a los miembros del grupo de Freckenhoster, citada en Cámara (1974), señaló:"..y finalmente estuvimos de acuerdo con el punto que señaló el cardenal Suenens en el concilio Vaticano II de que era necesario enfrentarnos simultáneamente a los problemas internos de la iglesia y a los problemas del exterior", (pág. 22). Tipificó algunos aspectos que consideraba alarmantes dentro del seno de la iglesia y que sus estructuras le impedía responder a los cambios que la sociedad reclamaba. Primeramente, expresaba que los grandes textos que había proclamado la iglesia no habían tenido casi ningún efecto. En ese mismo sentido reflexionaba con la interrogante que él mismo sostenía no atreverse a responder:

> "¿Cuántas diócesis están llevando realmente hasta sus últimas consecuencias las grandes lecciones del Vaticano II o de las encíclicas Pacem in terris, Mater et magistra o Populorum Progressio? Lo más lastimoso de todo es que uno tiene la impresión de que se está saboteando el concilio Vaticano II, cuyo resultado sería la imposibilidad de llevar a cabo lo que éste emprendió" Cámara (1974: pág. 24).

Las estructuras de la iglesia deben entonces promover los cambios necesarios para desarrollar a las minorías abrahámicas desde sus comunidades de base y utilizar los textos y conclusiones del Vaticano II. Sustentándose en una verdadera humildad, sin creerse que son más importantes o mejores que quienes piensan y actúan de modo diferente, y en una caridad evangélica, puesto que renunciar a la caridad desde su perspectiva implicaba renunciar a Dios; buscando formas y medios para comenzar y poner vida en las comunidades de base sin perderse en oposiciones con sacerdotes u obispos.

Cámara sostenía que cuando las comunidades de base nacen en una diócesis, no tratan de ser desleales o actuar a escondidas, y son libres para practicar las enseñanzas del evangelio y de la vida, no olvidando que es absolutamente esencial ayudar al obispo a vencer los peligros del aislamiento, la adulación, la intriga, incluso el temor de la carne, y darle el máximo apoyo a su presbiterio, "unido con todo el pueblo de Dios", abierto a todos los grandes problemas humanos, un hombre de esperanza, fe y amor. Cámara (1974: p 32).

Minorías Abrahámicas en las estructuras de las Parroquias

Para Cámara (1974) las parroquias deben tener una longitud tal que posibilite la habilidad del cura de conocerla personalmente, que le brinde la posibilidad de extenderse a sus habitantes. Esta reflexión la basa en lo expuesto en los documentos del concilio de Trento, que expresó un claro deseo por las comunidades de base y desde la cual propone una reforma en sus estructuras. De allí que sostenía que las comunidades de base bien administradas podrían corregir los problemas actuales de las estructuras de las parroquias que a muchos casos tiene una longitud tan extensa que el sacerdote le es imposible ni humanamente posible cubrirla toda, quedando sectores de fieles desatendidos que en muchos casos atendidos por otras religiones ven un camino de salvación en ellas.

La comunidad de base tendrá una función entonces con dimensión humana para posibilitar que todos sus miembros se conozcan entre sí, y que los problemas que se deberá enfrentar no sean ilustraciones teóricas sacadas de los libros sino sucesos concretos tomados de la vida diaria y vividos por sus propios actores. Se hace entonces necesario que dentro de una comunidad de base, el diálogo tiene que ser eficaz y fructífero, cada miembro debe aprender a hablar y a callar, a hablar y a escuchar, a admitir gozoso que sus propias ideas se enriquecen con los distintos puntos de vista e incluso con el desacuerdo de sus hermanos, produciendo un camino para una convivencia tolerante donde la pluralidad y la divergencia coexistan armónicamente.

El crecimiento de estas comunidades de base la imaginaba Cámara de tal magnitud, que ante la preocupación de la falta de sacerdotes y diáconos que atendieran a todas ellas propuso que desde las mismas de las comunidades de base asumieran algunas actividades que no serían posibles dado la imposibilidad de obtener los sacerdotes suficientes para las parroquias. Sin embargo, Cámara entendía que esta idea se podía ver radicalmente opuesta a las reglas convencionales que sustentaban a la iglesia y que era necesario enfrentar a ese clericalismo a su juicio "extraviado e incapaz de aceptar, cuanto menos de concebir" (p. 26), que las actividades de la iglesia pudieran desarrollarse sin sacerdotes o diáconos, y por extensión, sin ningún miembro de una orden religiosa, no dejando lugar para el seglar.

Con esta reflexión en mente Cámara se propuso una praxis de estas comunidades de base dentro de la parroquia en la que ninguna persona tendría la verdad absoluta. El sacerdote tendría parte en las discusiones, pero no sería necesario que él dijera la última palabra o hiciera las contribuciones más valiosas. Sostenía que: "ha llegado a aprender que hoy no hay lugar para las autoridades absolutas sino sólo para las autoridades que saben dialogar" Cámara (1974:p. 25). De allí que dentro de las comunidades de base sus miembros actuarán con libertad: los seglares, los religiosos, los curas y los obispos, pero una libertad que este bajo una estructura que mantenga la obediencia al obispo.

Cámara entre sus reflexiones exponía algunas consideraciones que podrían entrar en los debates dentro de las reformas internas de las estructuras de las parroquias que promovía: Sostenía que los Laicos pudiesen preparar y si es preciso organizar los bautismos, "auténtico evento comunitario y gozosa celebración en honor de los nuevos miembros de la familia", prepararán igualmente a las parejas para el matrimonio, visitarán a los enfermos (p. 26:27). Por otro lado, los considerados seglares podrán organizar actos de penitencia; naturalmente, no darán la absolución pero si ser un apoyo al sacerdote sin estar dentro de una estructura de la parroquia ya que nadie debería impedirles que guíen a la gente a la búsqueda de la petición de perdón a Dios.

Llegado a este punto Cámara expresó según en entrevista conducida por José Wille, 1987, Televisora de Curitiba, Paraná, Brasil. que el sacerdote que entienda los signos de los tiempos y los signos de Dios comprenderá que deben hacerse algunos cambios para contrarrestar el desproporcionado desarrollo del clericalismo. Con ello da a entender que la sociedad ante un incremento de necesidad de fe y esperanza y un descenso de sacerdotes fieles, es necesario caminar a momentos donde no haya alguna distinción entre el sacerdocio común de los fieles y el ministerio específico de los sacerdotes. Éste estará complacido en que el laico participe en las tareas que él nunca podría efectuar solo.

El principal papel del sacerdote sería el de animador de la comunidad de base, un colaborador calificado en la instrucción del laico, un miembro activo del presbiterio que apoyará, inspirará y aconsejará al obispo. Sostenía que si se confía verdaderamente en los laicos no debe existir razón por la que, con un número relativamente pequeño de sacerdotes, no se pueda efectuar una cantidad de trabajo fructífero en respuesta a las necesidades de los actuales y venideros tiempos.

Minorías Abrahámicas en los Obispos

Promovía igualmente una minoría abrahámica de Obispos; que procuraría promover un clima de unidad en el Credo, un clima de respeto mutuo para las diferentes posturas, y mantener luego el espíritu colegiado. Ésta no sólo debería adoptar la actitud profética de hacer hincapié en que la iglesia de Cristo no puede contribuir a mantener las estructuras de opresión sino también alentar pacífica pero valientemente los intentos que se realizan para promover la educación a favor de la liberación y el progreso humano.

De lo anterior resulta el hecho de que cuando un obispo dialoga de verdad con todos: sacerdotes, religiosos, laicos, profesionales, adultos y jóvenes, tiene un efecto importante y profundo sobre las estructuras diocesanas. Así lo expresaba Cámara aludiendo a que cuando un obispo se acostumbra a oír la palabra de Dios no sólo en las escrituras sino también en los eventos y acontecimiento de cada día, "se está preparando para, en el nombre de Cristo, tomar sobre sí las injusticias que hoy oprimen a dos tercios de la humanidad" (p. 28).

Resume entonces manifestando que un obispo debe abandonar los títulos pomposos, los ornamentos distinguidos y las grandes residencias, asumiendo una actitud interior de apartamiento y pobreza, para entonces adquirir una posición óptima para comprender las comunidades de base.

Minorías Abrahámicas en la Conferencia Episcopal

Cámara llegó a entender que con un entendimiento verdadero entre los obispos y en las diócesis, era suficiente para llevar un impacto a las conferencias episcopales, en vez de invertir esfuerzos en formar las minorías abrahámicas dentro de ellas particularmente cuando el número de obispos que se juntan en asamblea es tan grande. Pero al mismo tiempo, sentía la urgencia de realizar un impacto de mayoría en las conferencias episcopales en virtud que éstas mayoritariamente deciden los eventos y conducen la historia de la iglesia en una localidad específica. Precisamente ante ello, se preguntaba qué era posible y deseable dentro de una conferencia episcopal: Primeramente obtener un acuerdo unánime sobre cada artículo del credo lo cual lo veía muy fácil y en y en segundo lugar en las materias en debate, sostenía que era necesario tratar de conseguir un clima de discusión en el que cada obispo o grupo de obispos se sitiera completamente libre para expresar sus pensamientos; "un clima en el que el respeto mutuo, y efectivo se mantenga a pesar de las diferencias de oposición y que un clima de afecto fraternal penetre las discusiones" (p.29).

En este punto de reflexión cuando una conferencia episcopal ha logrado tal grado de madurez y experimenta la diversidad en la misma unidad, es entonces claro que ha alcanzado el estado ideal que Cámara expresaba como necesario, ya que lo contrario es que llegara a ser dominada por un grupo que impusiera sus ideas sobre los otros.

Minorías Abrahámicas en la Curia

Dentro de la Curia también debe procurarse la presencia de las minorías abrahámicas que estaría preparada para aceptar cualquier sacrificio que pudiera ayudar al Papa y a los obispos del mundo a usar las grandes enseñanzas de la iglesia. Sin embargo, sostiene la necesidad de buscar un interlocutor para esta minoría por su cercanía a las grandes decisiones de la iglesia; "¿Quién sería el interlocutor de esta minoría que actuaría sin el más ligero deseo de trabajar a hurtadillas o conspirando?".

Una de las tareas más importantes de la minoría abrahámica de la curia romana es la de proporcionar el apoyo necesario a la comisión pontificia para la justicia y la paz; "cuán trágico sería, especialmente para la juventud y los hombres de buena voluntad, que ese cuerpo se convirtiera en otro sujeto de frustración". Helder Cámara, (1974: p 33).

8
A MANERA DE REFLEXIÓN

Con lo anterior podríamos categorizar dentro de la doctrina de Hélder Cámara para un programa de Acción para la Justicia y Paz, la necesaria construcción de pequeñas comunidades de base constituidas en esas minorías abrahámicas dentro de todos los estratos de la sociedad; sin importar la tenencia de riquezas o no, así como en la propia estructura de las religiones no sólo la iglesia católica sino las diferentes posturas religiosas, de allí la defensa que hace al ecumenismo tanto propio de la iglesia como con las otras religiones, necesario para lograr un entendimiento a través del amor y la fraternidad y evitar la existencia de la violencia de las injusticias que conduce a una segunda violencia; la de la revoluciones no pacíficas.

La realización de esta propuesta impulsa que cada vez sea más las personas y grupos que desean un mundo más justo y humano también, y que no consideran que la guerra y la violencia puedan ser el método adecuado para lograr una convivencia entre las sociedades, sin tener que recurrir siquiera a motivos de orden religioso o ideológico. Sin embargo es importante reflexionar acá que los que eligen la no-violencia activa -es decir, la violencia de los pacíficos- se encuentran con que en la actualidad existen poderosos complejos que dominan gran parte del mundo a base de alianzas entre el poder económico y el poder político, incluso el militar; surge entonces la interrogante: ¿Cómo pensar entonces en vencer por las armas a las potencias cuando cuentan precisamente entre sus mejores aliados a los fabricantes de armas y a los autores de las guerras?. Es entonces cuando surge imperiosamente la otra pregunta: ¿Se va a sacar algo con la no-violencia?; ¿Se dan cuenta los no-violentos de que lo que se trata de conseguir no es solamente alguna que otra pequeña reforma, sino que tanto en los países desarrollados como en los países subdesarrollados lo que hay que lograr es el cambio de las estructuras político-culturales y económico-sociales?

La propuesta de Helder Cámara de desarrollar comunidades de bases que desde principios no violentos basados en la convivencia convergente, tolerante y de fraternidad deje de ser un sueño utópico para muchos y se convierta en una fuerza incontenible. Su ideal el cual estuvo basado en las doctrinas de Pio XI Juan XXIII y Pablo VI.

Dentro de ese contexto se puede resumir que la doctrina de Helder Cámara consistía en un clásico sistema de reformismo social, pluralismo demócrata y redistribución social de la riqueza que también está contenido en el entorno de la doctrina social de la iglesia, que aunque se concentró en la localidad de Recife en Brasil mostró la posibilidad de lucha para que la corrupción en Brasil no hiciera una implosión y el país se fuera a hundir en su propia masacre. Estas acciones se convierten como de hecho se puede inferir en modelos de vida y lucha no violenta aplicable a las sociedades latinoamericanas.

La doctrina de Helder Cámara tiene su basamento en la Doctrina Social de la Iglesia y en el magisterio y como punto de partida en el reconocimiento de la dignidad de la persona humana, dignidad que proviene del hecho que todos son hijos de Dios hechos a su semejanza y del cual deriva el principio del bien común cuya construcción viene a ser tarea de todas las personas y del mismo Estado. Un segundo principio que está ligado indisolublemente al bien común es el destino de todos los bienes; de la propiedad, que parte del hecho bíblico que dios ha dado la tierra a los hombres para que las explote y que sustente a todos sus habitantes sin excluir a nadie pero sin privilegiar tampoco a ninguno.

Esa es la raíz según la doctrina de Cámara de los bienes de la tierra y ésta es entonces el primer don que dios da para el sustento de la vida humana. Este principio universal de los bienes afirma por una parte la plena autoridad de dios sobre toda realidad y segundo plano a que los bienes de la creación sean destinados al desarrollo del ser humano, de toda la humanidad entera. Principio que no se opone al derecho de propiedad ´por el contrario indica la necesidad de reglamentarlo, de allí que la propiedad privada se convierte en un medio y no en un fin.

Sus postulados tuvieron como finalidad poner al hombre por encima del capital, por encima del trabajo, por encima de todas las realidades temporales, a hacer una opción preferencial por el pobre, a hacer sostenible y sustentable el desarrollo a evitar la violencia familiar, delictual social, a construir un futuro con sentido de colaboración.

BIBLIOGRAFÍA

Carlos, J. Moderador. (2005, Enero 27). Vida y Obra de Monseñor Helder Cámara. (Entrevista a José Luis Reveiro miembro de la Fraternidad laical Dominicana, San Vicente Ferrer)

Carlos, J. Moderador. (2005, Enero 27). Vida y Obra de Monseñor Helder Cámara. (Entrevista a Freddy Ochaeta miembro de la Fraternidad laical Dominicana, San Vicente Ferrer)

Banco Mundial, (2004). World Development Indicators 2004. Disponible en línea: http://www-wds.worldbank.org/external/default/WDSContentServer/IW3P/IB/2004/06/08/000160016_20040608153404/Rendered/PDF/289690PAPER0WDI02004.pdf

Boff L. (1986). Como Hacer Teología De La Liberación Ediciones Paulinas. España.

Boff L. (1978). Teología Del Cautiverio y de La Liberación Ediciones Paulinas.

Blazquez F.(1974). Ideario de Helder Cámara. Ediciones Sígueme, España.

Cámara, H. (1968). ¿Opción a la violencia?. Ediciones Sígueme, Salamanca

Cámara, H (1971). Espiral de violencia. Ediciones Sígueme, Salamanca

Cámara, H. (1985). El Evangelio con Dom Hélder. Editorial Sal Terrae, Santander, reimpresión en 1987.

Cámara, H. (1974) Cristianismo, Socialismo y Capitalismo. Ediciones Sígueme, España

Cámara H. (1968). Situación en América del Sur y América Central (Extenso). En Sexto Congreso Mundial de "Pax Romana".

Cámara, H. (1974). ¿Quién soy yo? Ediciones Sígueme, Salamanca, España.

Cámara, H. (1968). Un Programa de Acción para el Desarrollo. Revista Electrónica Selecciones de teología. Volumen 8. Sumario 31. España. En línea: www.seleccionesdeteologia.net

Cámara, H. (1981). El Desierto es Fértil. Ediciones Sígueme, 5ta edición. Salamanca, España.

Chantal M, (1999). El Retorno de lo Político. Comunidad, Ciudadanía, Pluralismo, Democracia radical. Ediciones Páidos Ibérica SA. España.

Conferencia Episcopal de Chile (2011). El Pacto de las Catacumbas de 1965. Documento en línea. Disponible en: http://documentos.iglesia.cl/conf/documentos_sini.ficha.php?mod=documentos_sini&id=4149&sw_volver=yes&descripcion. Consultado el 22-06-2013.

De Quadros, S. (2009). Apuntes sobre la tolerancia. Especial referencia a la Tolerancia Convergente. Universidad de Burgos. España.

Dussel, E. (1972). Caminos de liberación latinoamericana. Latinoamericana Libros SRL. Argentina.

Dussel, E. (1977). Introducción a una Filosofía de la Liberación Latinoamericana. Editorial Extemporaneo SA. México.

Dussel, E. (1998). Ética de la liberación. En la Edad de la Globalización y de la Exclusión. Editorial Trotta

Kukuyama, F. (compilador). (2006). La Brecha entre América Latina y Estados Unidos: Determinantes políticos e institucionales del desarrollo económico. Fondo de Cultura Económica. Argentina.

García, F. (1973). América Latina: Dependencia y liberación. Enrique Dussel. Ediciones Fernando García Cambeiro. Argentina.

Garrido R., E. (2008). El perdón en procesos de reconciliación: El mecanismo micropolítico del aprendizaje para la convivencia. Revista Papeles Políticos. Volumen 13, No 1(Pp. 123-167).

Gutiérrez, G. (1975). Teología de la Liberación. Perspectivas. Ediciones Sígueme, España

Gutiérrez, G. (1988). A Theology of Liberation: History, Politics and Salvation, Orbis Books.

Gonzalez, R. (Traductor). (1962). II Carta desde el Concilio II vaticano. Primeros pasos importantes. Enviada por Giovanni Montini desde el Concilio II Vaticano. Monte Grande. Argentina.

Juan XXIII. Carta encíclica Matter et Magistra. 15 de mayo de 1961.

Laffitte, J. (2008). Relativismo Ético y concepto moderno de Tolerancia. Cuadernos de Biótica , Vol 19, numero 67. España

Lowy M. (1999). Guerra de Dioses. Religión y Política en América latina. Siglo Veintiuno Editores, SA de CV. México.

Ibáñez, A. (2003). Gustavo Gutiérrez: El Dios de la Vida y de la Liberación Humana. Revista Espiral. Volumen 9, Número26. Universidad de Guadalajara. México.

Madrigal, S. y Gil, E. (2000). Solo la Iglesia es Cosmos. Universidad Pontificia Comillas de Madrid. España

Mesa, C. (1996). Medellín 1968. Anuario Historia de la Iglesia, Volumen 5, 416-421. Servicio de Publicaciones de la Universidad de Navarra. España.

Pablo VI. Constitución Pastoral Gaudium et Spes Sobre la Iglesia en el mundo actual. 07 de diciembre de 1965.

Pablo VI. Carta encíclica Populorum Progressio. Caritas in veritae. 26 de marzo de 1967.

Raguer, H. (2010). Requiem por la Cristianidad. Ediciones Península. Grupo Editorial 62 .

Rawls J. (1979). Teoría de la Justicia. Fondo de Cultura Económica. España

Rowland, C., Editor. (2000), La teología de la Liberación. Cambridge University Press. Reino Unido

Sartori, G. (2009). La democracia en 30 lecciones.Editorial Taurus. Colombia.

Susin, L., Sobrino, J. y Scatena, S. (2009). Padres de la Iglesia en América Latina. Revista Internacional de Teología. Número 333, Editorial Verbo Divino. España.

Walzer, M. (1998). Tratado sobre la Tolerancia. Barcelona, Ediciones Paidós Iberia SA. España.

Wille, J., (Periodista). (1987). Conversando Con El Obispo de los Pobres. (Programa grabado televisivo, Entrevista a Helder Cámara), Televisora de Curitiba, Paraná, Brasil.

ACERCA DEL AUTOR

Ubertino A. Paz (Maracaibo, Venezuela, 1961). Doctor en Ciencias Políticas de la Universidad Dr. Rafael Belloso Chacín en Maracaibo, Venezuela. Especialista en Negociación y Mediación de Conflictos y Desarrollo Sustentable. Es profesor Titular e Investigador responsable de la línea de investigación "Conflicto, Medicación y Negociación"; Consultor de organizaciones. Director de la firma Sistemas y Soluciones Gerenciales C.A. Ha publicado artículos como: "La Tolerancia de Mínimos como mecanismo para la Convivencia Política"; "El Hombre nuevo. Conquista para el Bien Común"; "El Liberalismo Político de Jhon Rawls. Una perspectiva desde Chantal Mouffe"; "Estilos de manejo de conflictos. Estrategia para la Convivencia Colectiva". Dentro del área de desarrollo sustentable ha publicado artículos como "Responsabilidad Social como estrategia de competitividad en las empresas radiofónicas".

www.ingramcontent.com/pod-product-compliance
Lightning Source LLC
Chambersburg PA
CBHW050428290526
45786CB00003B/1440